欧诺弥亚译丛

EUNOMIA

立法的尊严

The Dignity of Legislation

[美]杰里米·沃尔德伦（Jeremy Waldron） 著

徐向东 译

华东师范大学出版社

华东师范大学出版社六点分社　策划

欧诺弥亚译丛·总序

近十余年来，汉语学界政治法律哲学蔚然成风，学人开始崇尚对政治法律生活的理性思辨，以探究其内在机理与现实可能。迄今为止，著译繁多，意见与思想纷呈，学术积累逐渐呈现初步气象。然而，无论在政治学抑或法学研究界，崇尚实用实证，喜好技术建设之风气亦悄然流传，并有大占上风之势。

本译丛之发起，旨在为突破此等侧重技术与实用学问取向的重围贡献绵薄力量。本译丛发起者皆为立志探究政法之理的青年学人，我们认为当下的政法建设，关键处仍在于塑造根本原则之共识。若无此共识，则实用技术之构想便似空中楼阁。此处所谓根本原则，乃现代政法之道理。

现代政法之道理源于对现代人与社会之深入认识，而不单限于制度之塑造、技术之完美。现代政法世界之塑造，仍需重视现代人性之涵养、政道原则之普及。若要探究现代政法之道，勾画现代人性之轮廓，需依傍塑造现代政法思想之巨擘，阅读现代政法之经典。只有认真体察领悟这些经典，才能知晓现代政法原则之源流，了悟现代政法建设之内在机理。

欧诺弥亚（Εὐνομία）一词，系古希腊政治家梭伦用于描述理想政制的代名词，其着眼于整体福祉，而非个体利益。本译丛取其古意中关切整体命运之意，彰显发起者们探究良好秩序、美好生活之要旨。我们认为，对现代政治法律道理的探究，仍然不可放弃关照整体秩序，在整体秩序之下看待个体的命运，将个体命运同整体之存续勾连起来，是现代政法道理之要害。本译丛对现代政治法律之道保持乐观心态，但同样尊重对古典政法之道的探究。我们愿意怀抱对古典政法之道的崇敬，来沉思现代政法之理，展示与探究现代政法之理的过去与未来。

本译丛计划系统迻译、引介西方理性时代以降求索政法道理的经典作家、作品。考虑到目前已有不少经典作家之著述迻译为中文，我们在选题方面以解读类著作为主，辅以部分尚未译为中文的经典文本。如此设计的用意在于，我们希望借此倡导一种系统、细致解读经典政法思想之风气，反对仅停留在只言片语引用的层面，以期在当下政治法律论辩中，为健康之政法思想奠定良好基础。

译丛不受过于专门的政法学问所缚，无论历史、文学与哲学，抑或经济、地理及至其他，只要能为思考现代政法之道理提供启示的、能为思考现代人与现代社会命运有所启发的，皆可纳入选目。

本译丛诚挚邀请一切有志青年同我们一道沉思与实践。

欧诺弥亚译丛编委会

二零一八年元月

我受苦是与我有益，为要使我学习你的律例。

《圣经·诗篇》119:71

目　录

致　谢

　　除第五章外，本书其余部分基于我 1996 年 2 月在剑桥大学发表的第二届约翰·罗伯特·西利（John Robert Seeley）系列演讲。有机会发展和发表此次西利演讲是一件令人欢欣鼓舞的事情，为此，我想感谢推选人剑桥大学历史系昆廷·斯金纳（Quentin Skinner）教授和剑桥大学出版社杰里米·麦罗特（Jeremy Mynott）先生的盛情邀请。在剑桥生活的两周时间里，基督学院的院长和成员为我提供了宁静宜人的住所，谨此致谢。不论是在每场演讲后，还是在全部演讲结束后的讨论会上，以下人士都对演讲提出了慷慨的评论和建议：阿兰·克罗默蒂（Alan Cromarty）、约翰·邓恩（John Dunn）、理查德·费希尔（Richard Fisher）、罗斯·哈里森（Ross Harrison）、伊斯特万·洪特（Istvan Hont）、苏珊·詹姆斯（Susan James）、梅丽莎·莱恩（Melissa Lane）、昆廷·斯金纳、乔纳森·斯滕贝格（Jonathan Steinberg）、西尔瓦纳·托马斯利（Sylvana Thomselli）、理查德·塔克（Richard Tuck）。特别感谢肯特·格里纳沃尔特（Kent Greenawalt）、桑迪·卡迪什（Sandy Kadish）、约瑟夫·拉兹（Joseph Raz）、乔伊斯·沃尔德伦（Joyce Waldron），尤其是卡罗尔·桑格（Carol Sanger），在准备演讲稿的艰难日子里，他们向我提供了我无以回报、却永远铭记在心的激励和支持。

感谢加利福尼亚大学伯克利分校法学院的院长和全体教员，他们允许我休假去发表这些演讲；感谢哥伦比亚大学法学院的院长和全体教员，他们在 1995 年期间向我提供了准备演讲稿的学术环境；伯尔特·霍尔基金会为这项工作提供了一份暑期生活津贴，谨此致谢。该计划的最后一个阶段是 1997－1998 年间在哥伦比亚大学进行的，玛丽·休·丹尼尔斯（Mary Sue Daniels）是该阶段的得力助手。

　　我也想借此机会感谢以下人士：克里斯蒂安·巴里（Christian Barry）、查尔斯·布莱克（Charles Black）、朱尔斯·科尔曼（Jules Coleman）、鲍勃·科特尔（Bob Cooter）、梅尔·丹－科恩（Meir Dan-Cohen）、罗纳德·德沃金（Ronald Dworkin）、约翰·菲尼斯（John Finnis）、吉尔·弗兰克（Jill Frank）、罗伯特·乔治（Robert George）、莱斯利·格林（Leslie Green）、艾米·古特曼（Amy Gutmann）、鲍勃·哈尔格拉夫（Bob Hargrave）、大卫·海德（David Hyed）、乔治·卡特伯（George Kateb）、大卫·曼宁（David Manning）、安德雷·马默尔（Andrei Marmor）、迈克尔·摩尔（Michael Moore）、斯蒂芬·佩里（Stephen Perry）、涛慕思·博格（Thomas Pogge）、罗伯特·波斯特（Robert Post）、艾迪·鲁宾（Ed Rubin）、阿兰·莱恩（Alan Ryan）、塞缪尔·谢夫勒（Samuel Scheffle）、菲利普·塞尔兹尼克（Philip Selznick）、保罗·西格蒙（Paul Sigmund）、杰罗米·斯科尔尼克（Jerome Skolnick）、毛里齐奥·维罗里（Maurizio Viroli）、威尔·瓦卢乔（Will Waluchow）。在从事这项计划时，他们以不同的方式鼓励和支持我。他们并不同意我在本书中表达的观点，甚至不同意其中大多数观点，不过，对于他们的友谊、支持和合作，我深表谢意。

　　最近几年来我一直在从事一项更广泛的研究计划，1996 年的西利演讲形成了其中的一部分。第三章的一些版本 1995 年在麦吉尔大学法学院、哈佛大学政府系、哥伦比亚大学法学院做过介绍。第四章的一个早期版本 1995 年在普林斯顿大学做过介绍。
第六章的一个版本 1995 年在佛蒙特大学作为一个公共演讲而做
过介绍。第二章的一些材料取自我 1994 年在马里兰大学法学院
发表的一个演讲(格伯演讲),然后以"立法的尊严"为标题发表在
《马里兰法律评论》(*Maryland Law Review*)(1995 年,第 54 期)
上。第三章的一个版本以"康德的实证主义"为标题发表在《哈佛
法律评论》(*Harvard Law Review*)(1996 年,第 109 期)上。第五
章发表在《政治理论》(*Political Theory*)杂志(1995 年 11 月,第
23 期)上,不属于我原来在剑桥大学发表的演讲,不过,鉴于它与
我的西利演讲很般配,我很高兴有机会将它纳入本书。第六章已
经以"立法、权威和投票"为标题发表在《乔治城法律杂志》
(*Georgetown Law Journal*)(1996 年,第 84 期)上,不过,这里的版
本省略了讨论洛克对多数决定的论述的那部分材料。

　　本书与我在法理学领域中已完成的另一部著作《法律与分歧》
(*Law and Disagreement*,Oxford University Press,1999)相互补
充,后者更具分析色彩,处理了法律、立法、分歧以及权利等问题。
二者有一些共同的关注,其中一项关注是将立法机构置于我们对
法律进行哲学思考的核心,另一项关注是避免贬低在正义和权利
方面的分歧的理论含义。不过,这两本书没有多少实质上的重叠。
上面提到的第六章的修订版也出现在《法律与分歧》中,但二者大
体上仍有明确的分工。《法律与分歧》基本上用分析的风格来处理
问题,西利演讲则主要聚焦于政治思想史对我们理解立法做出的
贡献。我一直倡导用政治理论的资源来丰富我们在法哲学领域所
做的工作,但愿这两部著作合起来构成了这项计划的开端。

第一章　导　论

[1]在导论中，我只想简要地说明我在本书中将要做的工作。我相信立法和立法机构在法哲学和政治哲学中名声很差，如此声名狼藉，以至于很多人会怀疑它们是否有资格成为法律的值得尊重的来源。这个坏名声是英国下议院还是（举个例说）美国国会参众两院过去或目前的全体成员的古怪姿态恰当地挣来的，这不是我目前要讨论的问题。因为我看到的问题是，我们甚至还没有发展出一种规范的立法理论，可以作为批评或惩戒那种古怪姿态的基础。更重要的是，我们目前还不具有这样一个法学模型，对于作为一种真正的法律形式的立法、立法所主张的权威、立法对法律制度中的其他参与者所提出的要求，该模型能够提出一种规范的认识。

与我们在法庭论题上展开的喋喋不休的哲学辩论相比，我们在这个问题上的沉默简直令人惊讶。在现代哲学法理学中，没有什么关于立法机构或立法的东西可与对司法决策的讨论相提并论。看来尚未有人认识到我们需要一个理论或者说理想类型，它要为立法做的工作，就类似于罗纳德·德沃金（Ronald Dworkin）的模范法官"赫拉克勒斯"（Hercules）旨在为判决推理（adjudicative reasoning)所做的工作。①

　　其实，我们面临的状况比这还要糟，而且在美国肯定更糟。我们不仅没有所需要的那种立法的规范模型或者说有抱负的模型，[2]而且我们的法理学还充斥着各种比喻，它们把日常的立法活动描绘为做交易、贩马匹、锯木头、拉皮条和拉选票——实际上，描绘为任何东西，唯独没有把它描绘为有原则的政治决策。当然，这一切都是有理由的。我们给立法抹上这些可怕的阴影，是为了给司法评审（即在某个权利法案的权威下对立法的司法评审）的思想添加一点可信度，是为了压制一些我们要不然就会感到难堪的东西，它们关系到司法评审有时被认为所涉及的民主困境或者说"反多数"（counter-majoritarian）困境。②

　　于是我们就发展了对判决的一种理想化的描绘，并把它与对立法的一种声名狼藉的描绘框在一起。政治科学家当然对此有更好的了解。与法学教授不同，他们很喜欢让一个愤世嫉俗的立法模型与一个同样愤世嫉俗的上诉和最高法院判决模型相匹配。在这些演讲中，我有兴趣做的部分工作就是要追问如下问题："如何才能对立法机构提出一种有希望的描述，这种描述在其规范性上——也许在它那种质朴的形态上，而且肯定在它的那种有抱负的特性上——都与我们在宪政法理学的更加崇高的时刻对法院（"原则的论坛"③）等等提出的描述相匹配？"

　　因此，在本书中，我将努力恢复和强调一些思考立法的方式，它们把立法呈现为一种有尊严的管理、法律的一种值得尊重的来源。我希望把最好的立法过程看作这样一种东西：共同体的代表

---

①　参见 Ronald Dworkin, *Taking Rights Seriously*，第 105－130 页以及 Dworkin, *Law's Empire*，第 239 页及以下。（德沃金的模范法官指的是"一个具有能力非凡的技能、学识、耐心和聪明的律师"，见《认真看待权利》，第 105 页。——译者注）

②　"反多数困境"这个说法来自 Bickel, *The Least Dangerous Branch*，16。

③　这个说法来自罗纳德·德沃金，参见 Dworkin, *A Matter of Principle*，33。

聚集在一起,庄严而明确地确定与他们所有人的名字相配的共同体制和标准,并在这样做时公开承认和尊重(而不是隐瞒)他们之间在意见和原则上不可避免的分歧。这就是我愿意培养的那种对立法的理解。[3]我认为,如果我们把这种理解作为我们的立法形象来加以把握,那么它反过来就会对我们的整个法律概念产生有益的影响。

　　清楚地表达这种理解在很大程度上是分析的法哲学的一项任务,我已经在其他地方探究了这个方面。① 但是,在我们的政治思想传统中,有一些维护和阐述这种立法观的资源,对这些资源进行探索就是本书的目的了。我将讨论一些政治哲学家的著作,他们基本上说不上是关于立法的理论家。但是,在他们的著作中,值得探究的东西比我们通常所假设的要多,即使其中一些思想家被认为以自然权利或自主的道德理性的名义去反对实在法(positive law)②和多数裁定原则(majority-rule)的主张。在这方面,在我们传统中有三位主要的思想家,即康德、洛克和亚里士多德。在以下各章,我将探究在他们的思想中体现出来的线索和暗示,以便弄明白:对于那种在哲学上仍未得到充分的理论分析的立法的身份,我们可以从他们那里学到什么。在这个问题上,他们无论如何都不是"普通嫌疑犯"(usual suspects):如果说我们的传统中确实有立法的理论家,那么他们当中出类拔萃者就是杰里米·边沁(Jeremy Bentham)、让-雅克·卢梭(Jean-Jacques Rousseau)以及或许托马斯·霍布斯(Thomas Hobbes)。我们当然不会忽视这三位理论

---

① 参见 Jeremy Waldron, *Law and Disagreement*。

② "实在法"(拉丁文:*ius positum*)这个概念指的是人为制定的法律,有时也用来描述为某人或某个群体所确立的一项具体权利,因此就其来源而论,实在法主要是相对于自然法或者上帝(神)确立的律法而论的。从词源学上来看,这个概念来自"设定"(to posit)这个动词。因此 positive law 这个术语也许可以恰当地译为"制定法",不过,鉴于国内法理学界已将它译为"实在法",在这里我们也遵循这个通行的译法。——译者注

家，不过，我认为重要的是要表明，在政治理论的经典著作中，与仅以"普通嫌疑犯"为研究焦点所得出的成果相比，与立法相联系的主题显得更为深入和广泛。

我希望以下论述不只是具有学术上的兴趣。英国人确实应该对其议会（尤其是下议院）感到自豪。然而，在随后几年中，英国政府很可能会对该国的宪政结构进行大规模修改。很多可以设想的变化将是有益的——[4]例如，对君主政体的改革，对国会上议院中的世袭因素和教会因素的改革。其他必需的变化可能会受到忽视：在这里我想起的是对一种格外不公正和不平衡的选举代表制的改革；英国属于用"单一选区多数取胜"（first pass the post）的规则①来维护民主制的少数几个国家，但这种做法现在成为一个令人困窘的问题。实际上被设想的一个变化就是将权利法案整合到英国法律中，再加上一种美国式的对立法进行司法评审的实践。（被整合进去的权利法案很可能就是欧洲人权协定，不过，在撰写本书时，还不清楚英国法院是否有权驳斥这些法令，或者干脆宣称它们不符合宪法。）这样一个变化，若获得通过，就会对英国议会及其在宪政体制中的地位产生重大影响。这项改革提议之所以赢得了广泛支持，大概是因为普通人很担心立法事务在英国受到行政控制的程度。在英国，行政机构支配着议会，结果，议会主权看起来往往就等同于一种选举出来的行政统治权。但是，人民也担心多数立法本身，即由某个国民会议来立法的思想，即使这种立法在其最好的形式上并没有受到唐宁街英国政府的支配。换句话说，我可以有把握地说，立法在法学理论和政治理论中的坏名声与人们（特别是精英阶层）对这个变化的热情很有关系。人们逐渐确信

----

① 在英国、美国、加拿大、印度以及其他一些国家实行的一种选举制度。这种制度按照选区进行投票，每个选区对候选人进行一次投票，若某个候选人在全部选区获得的票数超过其他候选人，那么该获选人就获胜，不管普选获得的支持票是否超过半数。——译者注

这样一种制度会有一些不光彩的东西：在它当中，一个推选出来、受到各个政党支配并按照多数决定原则（majority-rule）来做出决定的立法机构，在权利和原则问题上具有最终发言权。这样一种论坛被认为与一个现代社会所面临的最严重、最严肃的人权问题毫不相称。[5]这里的思想似乎是：法院，因为有着戴假发的法官和各种仪式、有着皮革卷宗并与党派政治处于相对隔离的状态，因此就成为一个更适宜于解决那种问题的场所。

对此我不以为然；①不过，在这里我不想批评对立法进行司法评审的做法。但我的确认为，至关重要的是，假若我们还没有清楚地认识到，在立法机构的观念以及立法可以博得的那种尊严和权威的观念中，什么东西是有价值和重要的，那么就不应该从事这样一种改革。肯定不应按照当前在我们的法理学或者美国宪法的理论基础中所发现的那个贫困的立法概念去从事这种改革。因此，我希望随后几章可以为发展这种理解做出一些实质性贡献，并向我们提供一个更好的基础去思考我们所面对的制度选择问题。

因此，我以"立法的尊严"作为本书标题，目的是要唤起、恢复和突出法哲学和政治哲学中一些思考立法的方式，这些方式将立法呈现为一种重要的、有尊严的管理方式。我的策略是双重的。在第一章和最后一章，我将直截了当地谈论我刚才勾画的问题。不过，在中间三章，我会试图梳理一些现存的东西，以便从我提到的三个看似毫无希望的经典来源——亚里士多德、洛克和康德——那里引出一些观点来支持积极立法。我明白他们的名字往往跟"立法的尊严"这个思想毫无关系。相反，康德是与如下见解相联系：对于实在法可以提出来反对个人的自主的道德思维的主

---

① 参见 Waldron, "Rights and Majorities", "A Right-Based Critique of Constitutional Rights", and "Freedom's Defense of Judicial Review"。也可参见 Waldron, *Law and Disagreement*, 第三部分。

张,是有严格限制的;在哲学上,洛克是有限立法机构以及用自然权利来防备立法机构的思想观念的奠基者;[6]亚里士多德往往更多地与对民主的怀疑和政治美德的观念相联系,而在当今,经常有人按照这些东西来捍卫一种给予司法机构的强化职能。不过,在政治思想的法典中,正是从亚里士多德、洛克以及康德的著作中,我试图重新获得一些东西,而在对立法的尊严提出一个哲学论述时,那些东西在我看来就是我们所需要的。

第二章　立法的耻辱

一

[7]1885 年米迦勒学期,约翰·罗伯特·西利①就政治科学在剑桥大学发表了一系列导论性演讲,②在这些演讲中,西利指出,在德国政治学作者当中有一种流行做法:按照被认为是国家的主要活动领域的东西——国家的最重要的职能,即组织和鼓舞国家的所作所为的那项职能——来描绘国家(或者国家发展的各个阶段)的特征。这样就有了 Der Kriegstaat[为战争而组织起来的国家]、Der Rechtstaat[围绕法制和个人权利原则而组织起来的国家]、Der Handelstaat[致力于发展贸易的国家],以及 Der Polizeistaat[警察执政的国家]等等。③ 约翰爵士说道,我们生活在一个立法国家,这样一个国家根本上不同于一个 Rechtstaat,而是

---

① 约翰·罗伯特·西利(1834－1895),英国文论家和历史学家,1834 年生于伦敦,父亲是一位出版家和几本宗教著作的作者,在父亲的影响下,西利对宗教和历史题材产生了浓厚兴趣。西利在剑桥大学基督学院受教育,取得了格外优异的成绩,毕业后被选为基督学院研究员和古典学导师,1863 年被任命为伦敦大学学院拉丁语和拉丁文学教授,1869 年被任命为剑桥大学现代史教授。——译者注

② Seeley, *Introduction to Political Science*,特别是第六讲。

③ Seeley, *Introduction to Political Science*, 140.

这样一种形式的国家：它致力于用明确的法律创新（即议会立法）来不断地改进社会生活。① 西利说，我们原则上可以承诺自由市场经济和自由贸易；就社会对个人私生活的干预而论，我们可以接受密尔的自由原则，②但是我们并没有由此推出任何关于政府的不作为的原则或道德要求。相反，为了处理某个困难，或者重新组织社会事务的某个方面（不论是教育、公共卫生，还是行政事务的改革），每天都有新的立法要求出现。西利说，在现代政治中，[8]各派都同意"有很多事情要做，有很多工作摆在面前，令我们难以应付"，因此"政府应该不断地忙于通过重要的法律"。③

西利否认自己是在传达对这种趋势的判断；他自称只是在试图对判断进行分类。但是，有一种厌恶感明白无误地在其分类中表现出来。西利说，立法国家，即连续不断地制定法律、撤销法律和修订法律的国家，乃是一种异常现象：

> 历史上看，这种做法尽可能不同于其他时期的教条。在其他时代，国家……被认为不该关心立法。共同体实际上是有法律的，它们可以随时修改法律，尽管这种情况很罕见；但是修改法律的任务很少落到国家头上。……在早期，国家，即签署法令和施以惩罚的权力机构，几乎说不上能够进行立法。国家可以操纵一场战役、征收税务、矫正不平，但法律被假设处于一个不同的领域。法律是一种神圣的习惯；国家可以执行法律、强化法律或者编撰法典；但是，立法——对法律进行创造、修改或废除——被设想为一种很高的权力，很少加以使用，而且，究竟谁拥有这项权力都是一件可疑之事。法律是

---

① Seeley, *Introduction to Political Science*, 146.
② 关于西利对密尔的讨论，参见 Seeley, *Introduction to Political Science*, 108–109。
③ Seeley, *Introduction to Political Science*, 144.

hypsipodes di' haithera teknōthetes[高高在上，生来就在天堂之上]。宗教经常受到召唤，某种程度的虚构经常被用来隐瞒人们曾经做出的一切大胆修改。①

按照这个观点，西利断言"我们已完全与昔日的传统决裂"。②当然，西利并不是采纳这个论调的唯一理论家——亨利·萨姆纳·梅因（Henry Sumner Maine）③是另一位这样的理论家，④沃尔特·白芝浩（Walter Bagehot）⑤是第三位这样的理论家⑥——虽然在他们的时代，立法活动在英国已达到了空前绝后的程度，但他们对待立法和立法者的态度说不上是新的。早在 100 多年前，在牛津，[9]威廉·布莱克斯通（William Blackstone）⑦在其论述英国普通法的讲义中就观察到，塑造一位法学教授需要长期的阅读和研究，"但是每一个福星高照的人都认为自己生来就是立法者"。结果，布莱克斯通说道："英国的普通法就像其他珍贵的古代建筑那

---

① Seeley, *Introduction to Political Science*, 145.（为了便于排版，我们已将这段引文中原作者引用的那句希腊文拉丁化。——译者注）

② Seeley, *Introduction to Political Science*, 145.

③ 亨利·萨姆纳·梅因（1822－1888），英国法学家和历史学家，在剑桥大学接受教育。作为制度的历史研究和比较研究方面的一位先驱者，梅因把法律的历史视为研究文明史的最明确的方式。其主要著作包括《古代法》、《东西方的乡村和社群》、《早期制度史》，以及《大众政府》。——译者注

④ Maine, *Popular Government*, 140："直到五十多年前，人们才认识到持久的立法活动在世界上是多么罕见……"。

⑤ 沃尔特·白芝浩（1826－1877）英国经济学家、社会科学家和记者，著有《英国宪法》（1867 年），对英国政府的各个分支机构的比较权力进行了分析。——译者注

⑥ 参见 Bagehot, *The English Constitution*。在列举议会的各种权力时，白芝浩写道："最近出现了一项立法的职能，要否认这项职能的重要性当然很荒谬，但我只想否认它与整个国家的行政职能一样重要。……有些时候立法确实更加重要。……但是一般来说，一个民族的法律与其生活是相适应的；法律的特殊适应只是次要的；管理国家的生活才是最紧迫的事情。"（第 119 页）

⑦ 威廉·布莱克斯通（1723－1780），英国法官和教育家，著有《英国法评论》（1765－1769 年），对英国法律体系进行了最为全面的独家论述。——译者注

样保存下来,而轻率卤莽、毫无经验的工人则冒险用现代改进的狂
燥情绪对它们进行粉饰和装修。"①(实际上,他的《英国法评论》旨
在纠正这种状况。尽管这些评论是 1765 年在牛津大学作为讲座
而发表的,但其本意不是要促进律师教育;相反,这些讲座所针对
的是听众中的某些绅士,他们被指望 5 年或 10 年后会去下议院寻
求他们作为立法者的位置。)②

　　这种态度延续进入我们的时代,也许在美国法理学界比在英
国法理学界还更有市场。在 20 世纪法律学者之间广为流传的情
感中,我们听到了布莱克斯通、白芝浩和西利的关注四处回响,这
种情感所说的是,随着立法将法律生长的那种更加内在和更为传
统的基础排挤出去,普通法制度的特征正在向坏的方向变化。有
人告诉我们,法令"丧失了根基",而且经常是被"仓促而轻率地采
纳的"。③ "令法令窒息而死"——吉多·卡拉布莱斯(Guido Cala-
bresi)④讨论法院和立法的那本书第一章的标题——就是这种态
度的一个贴切的座右铭。⑤

---

① Blackstone, *Commentaries on the Laws of England*, Vol. 1, Introduction, 5.

② 感谢大卫·利伯曼(David Lieberman)向我指出这一点。

③ Pound, "Common Law and Legislation", p. 404,这里引用的观察来自 Baldwin,
Two Centuries' Growth of American Law。但是庞德自己警告我们不要对实在法
有司法反感:"指出立法的缺陷是一件时髦事情。……鼓吹法官制定的法律的优越
性也是一件时髦事情。然而,律师和法官们最好记住,一门关于立法的科学即将诞
生,现代的法令往往不是做某事的粗鲁欲望的随随便便的产物,而是表达了专家们
长期耐心的研究,表达了会议、国会或联合会的仔细考虑,表达了出版界的讨论,而
在这种讨论中,民意集中于所有重要细节以及在立法委员会面前作出的听证"(第
384—385 页)。

④ 吉多·卡拉布莱斯:美国著名法学家,在耶鲁大学、剑桥大学和牛津大学接受教育,
1959—1996 年期间任教于耶鲁大学法学院,1978—1996 年担任斯特林讲席教授,
1985—1994 年担任耶鲁法学院院长。——译者注

⑤ Calabresi, *A Common Law for the Age of Statutes*, 1. 与这个座右铭地位的相接近
的东西包括"制定法令的放荡"(格兰特·吉尔摩[Grant Gilmore]的说法,在卡拉布
莱斯著作的第 1 页中被引用)以及"美国法律的'法令化'"(第 1 页)。

二

　　在某些普通法法理学家当中,这种态度凝结为一种古怪的、几乎是势利的心态——根本就不愿意将立法看作一种形式的法律。哈佛大学伟大的形式主义者克里斯托弗·哥伦布·朗德尔(Christopher Columbus Langdell)①,在我认为是他最后发表的一篇文章中,评论了 A·V·戴西(Dicey)的著作《19 世纪英国法律和舆论之间的关系》(*The Relation Between Law and Public Opinion in England During the Nineteenth Century*)。② 朗德尔这样开始他的评论:他说,尽管那本书以此标题冠名,但它根本上就不是一部法律著作,③将“法律”这个词包含在标题中既不幸又令人误解。“‘法律’这个词,就像律师们经常使用的那样,意味着在诉讼中法院用来管理诉讼各方的法律,但在这里,它显然不是在这个意义上被使用的,而是在立法的意义上被使用的。”④

　　当有人强调说立法不是法律的时候,这究竟是什么意思呢?在其最没有争议的意义上,这个主张体现了法律实在论(legal realism)的一副良药。⑤ 一项议案并非只是因为得到了颁布就成为

---

①　克里斯托弗·哥伦布·朗德尔(1826-1906),美国法学家,1854-1870 年在纽约从事律师工作,1870 年被任命为哈佛大学法学教授,1895 年担任法学院院长,在任期内修改了法学院核心课程。朗德尔以把案例方法引入法学研究而闻名于世。——译者注

②　Langdell, “Dominant Opinions in England During the Nineteenth Century”, 151.

③　Ibid, 153.

④　Ibid, 151.

⑤　法律实在论是一种探究法律的自然主义进路,倡导完全按照自然科学的“价值无涉”的方法来研究法律。在欧洲大陆法律传统中,马克斯·韦伯是这种观点的早期倡导者。不过,在英语国家中,这个概念往往有一个略微不同、更有限制的含义——它主要用于司法判决而不是一般而论的法律,并往往持有两个基本主张:第一,不应从所谓的“法律规则”中推出有关司法判决的结论,因为法律（转下页注）

法律,也不因为在《霍尔斯伯里法律指南》(*Halsbury*)①或者在法令手册中占据一席之地就成为法律。只有当它开始在社会生活中发挥作用时,它才成为法律;既然我们无法断定它将扮演什么角色,我们也无法断定究竟什么法律已被创造出来,直到那个东西开始得到法院的管理和解释。一条法令,即便被认为是得到了议会批准的一个条文,也还不是法律,只是法律的一个可能来源。② 但是,朗德尔在所有人当中偏偏不是一位法律实在论者;他在哈佛法学院对法律和法律教育的探讨,恰恰是法律实在论者认为自己正在反叛的东西。③ 不管怎样,我可以有保证地说,当朗德尔否认某个东西具有"法律"的尊称,认为它就如戴西所说的议会立法那样低劣、平凡且充满党派之争时,他不只是在提出这个简单的、分析性的要点。正如我在第一章所说,在法哲学中,人们有这样一种感受:立法缺乏与我们称为"法律"的那种值得尊敬的制度相联系的一点点尊严。普通法数个世纪以来都在不断演化,用曼斯菲尔德勋爵(Lord Mansfield)的话说,"努力使自己变得纯粹",④以至每个先例或学说,不管我们对其本身多么厌恶,都会在它的世系中找到某些值得我们尊重的东西,[11]而一条法令则在我们面前、作为一个修养很差的暴发户将自己强行挤入,衣冠楚楚但缺乏深度,有权有势却没有传统,其起源就像一个议会或国会中大多数人临时拼凑的东西那样任意。我猜测,正是因为这种血统(或是因为缺乏

(接上页注)本身就是不确定的,充满了含糊、歧义和矛盾;第二,法律本来就是一门经验科学,法律中对"权利"和"责任"之类的东西的谈论要被理解为法官出于后果方面的考虑和预测行为的目的而提出的说法,不一定具有真正的道德含义(因此,法律实在论者倾向于在法律中把法律因素与道德因素分开)。——译者注

① 对英格兰和威尔士法律的唯一全面的权威论述,自 1907 年出版,到目前已经出版了 50 卷。——译者注

② 参见 Gray, *The Nature and Sources of the Law*, 84–85, 123–125, 152。

③ 朗德尔的形式主义倾向于把法官制定的法律看得比立法的地位还高。关于这种倾向,参见 Duxbury, *Patterns of American Jurisprudence*, 16–17。

④ *Omychund v. Barker*, 1 Atk. 21, 33 (K. B. 1744), 26 *Eng. Rep.* 15, 23 (1744).

血统)，朗德尔这样的法理学家才认为立法机构所颁布的法令配不上"法律"这个名称及其一切含义。

我们是要把"法律"这个尊称赠予立法，还是拒绝把它给予立法？这个问题不只是言语之争。不论是在日常用法中，还是在大多数律师的日常工作中，这都不成问题。立法就是法律；实际上，立法构成了普通人不得不甘心忍受的大批法律材料。立法更多地在于明确地提出概念。我们应该问的问题是：既然法律世界(在其中，公民及其律师碰到了国家的要求)大体上就是一个按照法令来行事的世界，或者至多是普通法和法令在其中模糊不定地交织的世界，那么，在法哲学中，为什么我们还在坚持不懈地制定让普通法(由法官和法院发展起来的法律)成为有趣的核心争论的概念结构？为什么正是法官制作的法律，而不是立法机构制作的法律，与"法律"、"正义"、"合法性"(legality)以及"法治"所唤起的其他政治价值最自然地相联系？为什么这就是我们在法理学中持有的法律概念，而法令和立法，作为这个概念的相当令人难堪、格外成问题的例子(假若它们确实是这种例子的话)，却逗留在哲学关注的边缘？

三

我在上一节中提到了法令(即立法条文)的这样一种含义：在法律场景中，法令是作为暴发户出现的，有权有势却没有传统。[12]与法律的其他来源相比，立法具有厚颜无耻者和放肆无礼者的属性。当一个法官在普通法中进行立法(假若这就是他要做的事情)时，他至少要善意地假装他是在发现早就存在于法律中的东西了：他没有明确地将自己打扮为一位立法者。事实上，就我们所知，法律在我们的上诉法庭中每天都在被改变；但是，在大多数情况下，它是在一个得体的借口的掩盖下被改变的，那就是：再也不可能有什么东西比立法的抱负离我们的或法院的想法更远了。这种语言、这种风格都是宣言式的，即使现实是修正主义的。相比较，立法机构则提出了一个鲁莽的说法："忘记法律可能一直都是这个样子。这就是它现在要成为的样子。"法律本来就是要被改变的（正如我所说的，被厚颜无耻地改变），因为任何东西都不如共同体对立法团体刻意改变法律的意图的认识来得适宜。

我在牛津念书的那个时期，教师们（很恰当地）把赫伯特·哈特（Herbert Hart）的《法律的概念》指定为研究政治理论和法理学的学生的必读著作。对哈特铭记在心的人们还能想起，他把刻意改变（deliberate change）——"易于受到刻意改变"——这件事看作把一个社会的法律与其道德区分开来的一个东西。他写道："通过刻意颁布法令，就可以引入新规则，改变或废除旧规则，这就是一个法律制度的特征。……相比较，道德规则或原则就不能以这种方式出现，也不能用这种方式来改变或消除。"①最后这一点无意作为道德实在论的一个推论（就像在如下情形中：没有任何人能够改变或修改自然法）。哈特指的是"这样一种社会现象，它往往被称为一个社会的'唯一道德'，或者一个实际社会群体'公认的'或'约定的'（或者'制定下来的'）道德。"②对于道德为什么免于受到刻意改变的这一说明是社会学的而不是形而上学的：[13]"这样想并不符合道德在个人生活中发挥的作用：道德规则、道德原则或道德标准，就像法律一样，应该被看作是可以通过有意的活动创造出来或加以改变的东西。"③而且，免于受到刻意改变也适用于其

---

① Hart, *The Concept of Law*, 175.

② Ibid, 169.

③ Ibid, 175－176. 然而，这个社会学说明可以间接地指称一个形而上学主张。也许约定的道德在社会学上是免于刻意改变的，因为只有当人们相信他们正在遵守的是不能（现在是形而上学上不能）用人的法令来改变的超验标准时，约定的道德才能发挥它在那些人的生活中所发挥的作用。（而且，"约定的道德在形而上学上是免于改变的"这个信念在社会学上当然可能很重要，即使它是假的或无意义的：参见 Mackie, *Ethics：Inventing Right and Wrong*，第 20 页及以下。）

他的社会规范,包括传统和文化实践之类的非道德规范。当然,就像约定的道德可以发生变化一样,它们也可以发生变化,但不能被刻意改变。

因此,从社会学的观点来看,按照哈特的论述,随着一个社会的某些传统的道德规则和实践开始在其成员的生活中发挥一个不同的作用,它就逐渐有了一个法律制度。由于这些规则和实践所发挥的作用,它们首先得到了明确表述,然后可以加以修正、废除或修改,因此就可以用一种前所未有的方式得到思考。这样一来就需要一种设施,它在哈特的那种独特的法律实证主义①中占据中心地位:在这里我指的是二级规则(secondary rules)和承认规则(rules of recognition),②以及追踪哪些规则已经发生变化、哪些尚未发生变化的实践。这种设施变得必要,是因为规则在社会生活中现在扮演的角色具有了这样一个含义:社会成员不再是以一种

---

① 法律实证主义(legal positivism)大体上可以被理解为如下论点:法律的存在和内容取决于社会事实而不是取决于其价值。这个主张具有悠久的传统,不过,霍布斯和休谟的政治哲学是它在近代的最重要的根源,而边沁(以及约翰·奥斯丁)则首次对它提出了完整的论述。哈特的法理学显著地表达了法律实证主义的一些基本论点,例如,第一,法律是人的命令;第二,法律和道德之间没有必然联系;第三,对法律概念的分析是有价值的,要与对法律的历史研究或社会学研究区分开来,甚至要与对法律的批评或评价区分开来;第四,一个法律系统是闭合的,无需诉诸社会考虑就可以从预先决定下来的法律规则中把决定或决议推断出来;第五,与事实判断不同,道德判断是无法用理性论证来确立或捍卫的。——译者注

② 哈特区分了两种规则:基本规则(primary rules)和二级规则(secondary rules)。基本规则就是日常意义上的行为规则,二级规则是特别针对法律部门的官员(法官、律师等等)而论的,这种规则旨在对基本规则的运作产生影响。具体地说,在哈特这里,二级规则旨在处理三个问题:第一,与法律的本质(法律究竟是什么)有关的不确定性问题(哈特引入所谓的"承认规则"来解决这个难题,这种规则明确地阐明了一条法律的有效性标准);第二,规则的僵化问题(哈特引入所谓的"变化规则"来处理这个问题,这种规则允许法律在某些情况下受到改变);第三,如何解决法律争论的问题(哈特引入所谓的"裁定规则"来解决这个问题)。对于哈特来说,一个法律系统就是这两种规则的联合体。沃尔德伦在后面提到的"一级规则"大概相当于哈特所说的"基本规则"。——译者注

"本能的"或"直观的"方式认识到这些规则,或者只是因为社会化和社会训练而认识到它们。

规则的本质和地位是哈特在其法理学中所要探究的一个主题,它与法律实证主义的一个论点的社会学(或社会理论)方面有着格外有趣(而且受到忽视)的联系。这个论点经常被认为是纯分析性的,它所说的是,法律与正义没有必然联系。① 篇幅所限,在这里我无法恰当地探究这个联系。道德免于受到刻意改变,而法律却容易受到这种改变,这种对比有助于说明哈特的态度:对于是不是要把法治视为"一种绝对的人类的善",他很犹豫。② 在一个"前法律"社会中,也就是说,在一个仅仅由一套约定的道德实践来管理的社会中,[14]人人都知道那些规则。然而,不论是从道德管制到法律管制的转变,还是承认规则的确立,都必然涉及某个专家阵营的出现,作为法律的发现者,他们知道立法的标志,知道如何判断哪些规则已被有意赋予社会权威、哪些规则尚不具有这种地位。在法律和道德是否具有必然联系这个问题上,哈特持有一种众所周知的怀疑态度,并把关于立法的这一点引证为这种态度的一个实质基础。哈特认为:"很大一部分普通公民——也许大多数——都对法律的结构或者其有效性标准没有任何一般想法。"③因此,一旦刻意制定出来的法律出现,我们就会面对他所说的"一个令人清醒的真理":"从简单形式的社会(其中,基本的义务规则就是社会控制的唯一手段)进入法律世界(这样一个世界具有中央组织的立法机构、法院和官员),而且,法律制裁可以用一定

---

① 哈特强调说,法律不一定是公正的。如果有人认为哈特的强调是一个纯语义的(或者纯概念的或纯分析的)论点,那么他就完全错了。参见 Coleman, "Negative ad Positive Positivism", 147。

② 在这里我利用了汤普森的说法,参见 Thompson, *Whigs and Hunters*, 266。

③ Hart, *The Concept of Law*, 114.

代价来换取法律制度的稳定。"①将制定法（enacted law）制定出来并能加以承认的人们，就可以为了自己的利益而利用这种能力以及自己的专业知识，却损害了其他人的利益，因为对于社会得以组织起来的详细根据，其他人知之甚少，肯定不如他们或他们的祖先在只是按照基本规则来组织社会的情况下知道得多。这样，不正义就有可能随着专门法律的发展中所涉及的劳动分工而出现。"在极端的情形中"，哈特断言："只有官员才有可能接受和利用那个制度的法律有效性标准。假若社会变成了这样，它可能就会成为一种令人可悲的绵羊社会，而绵羊最终会被送进屠宰场。但是，几乎没有理由认为这种制度不可能存在，也几乎没有理由否认它具有一个法律制度的名称。"②

很不幸，我不得不讲述的故事不太有吸引力。它关系到阅读哈特的著作或者追随他的现代法理学家所做的一件事情[15]——如何设法贬低作为法律之本质或标志的那种"刻意改变"。

因为实际情况是：尽管法律实证主义习惯于给予立法以首要地位，并把它看作法律的一个基础，但是，与其说现代的法律实证主义者感兴趣的是这一点，倒不如说他们感兴趣的是法律在法院中得以发展的过程。他们维护一个传统观点，即法律是按照其制度来源（而不是按照其内容的道德品质）来明确界定的，但是他们所关注的制度是法院而不是立法机构。他们保留了对承认规则的那种哈特式的理解，却把这种理解引向一个法院对另一个法院所做出的判决的有效性的承认，而不是一个法院对一个立法机构所颁布的法令的承认。于是刻意的、明确的立法——那种涉及议会而不是法院的立法——就开始从这种实证主义图景的核心消失了。

---

① Hart, *The Concept of Law*, 202.
② Ibid, 117.

约瑟夫·拉兹(Joseph Raz)的法理学理论就是这种趋势的一个极好的例子。按照拉兹的说法，一个法律制度之所以成为一个制度，并不是因为一个立法机构所占据的战略位置，而是因为这样一个事实：存在着一套应用规范的组织机构(例如法院)，它们按照基于同样来源的标准而承认规范的有效性。现在，按照传统实证主义的理解，只要我们提到"基于来源的有效性标准"这样的说法，我们就会自动想起一个立法机构。但是，拉兹认为，原则上说，没有理由要求法院让自己去适应一个立法机构。一个法院系统所分享的有效性标准可能只是参考了对规范进行运用的类似机构早期做出的决议所留下的遗产。假设有两件事情对于一个法律制度而言是正确的：其一，运用预先存在的规范就是法院的任务，其二，一个法院对于"那些预先存在的规范是什么"所做出的任何决定，对于其他法院来说也有约束力。那么，在这两个原则的制约下，一个法院系统完全可以发展出一套复杂的、不断变化的实在法，[16]其中，作为构成要素的每个规范都会因其来源(在一个法院就"某个预先存在的规范究竟是什么"这个问题所做出的一项决定中)而具有有效性，而不需要任何机构将自己视为(或者被视为)一个明确的立法团体——在"团体"的这样一个意义上：一个团体的职能就在于刻意改变法律或制定新法律。在这样一种制度中，法律当然会发生变化，新法律会被创造出来；但是，新法律之所以被创造出来，是因为法院在落实第一个原则中所制定的任务时犯了错误，不过，由于第二个原则中所制定的权威学说，这种错误本身就有资格成为有权威的法律规范。① 这样一种制度会满足拉兹自己的"来源论点"(sources thesis)，②会涉及承认规则的运作。但是，它不会

---

① Raz, *Practical Reason and Norms*, 132–138. 亦可参见 Raz, *The Authority of Law*, 105–111。

② Raz, *The Authority of Law*, 47.

把一个至高无上的立法机构当作来源来加以适应，也不会把有效法令的标准作为将法律与非法律区分开来的基础来加以适应，在这一点上，它与那些观念都不同。拉兹由此断言："创造规范的机构的存在，尽管是现代法律制度的特征，却不是一切法律制度的一个必然特点，某些类型的应用规范的机构[即法院]的存在才是一切法律制度的一个必然特点。"①因此，按照这种纯粹理论上的可能性（即便没有立法机构，一个法律制度也可以存在），拉兹认为，对立法所提出的任何进一步的论述（即自觉地和明确地制定法律），对于法理学来说无关紧要。

　　这究竟是怎么了？我们指望立法在法理学中处于实证主义传统的核心。然而，在这里，在我们时代的一个领先的实证主义理论中，我们只能把刻意立法看作法律的一个偶然的、在哲学上处于边缘地位的方面。对此我们还能说什么呢？为什么会对立法感到难堪，而对于那些在制定法律方面自我否认或自我隐瞒的机构，反而会觉得更舒服？

四

　　[17]一个可能的说明是把人们在立法方面的困窘看作一种更加普遍的态度的实例，这种态度就是对刻意理智化（deliberate intellectualization）在政治中所扮演的角色感到不安。在我正努力探寻的法理学疑虑和政治思想的某些传统之间有着强有力的共鸣，而对于在政治中经过仔细考虑并明确地表达出来的东西，这些传统特别加以怀疑。

　　在英国政治哲学中，这些疑虑的领袖向来是保守主义者迈克尔·奥克肖特（Michael Oakeshott），在《政治学中的理性主义》这

---

① Raz, *The Authority of Law*, 115. 亦可参见拉兹在该书第 87—88 页的讨论。

篇文章中,他对这种疑虑提出了最雄辩的表达。① 立法在英国法
中所占据的支配地位,立法的心态在英国政治中所占据的统治地
位,对奥克肖特来说,恰好表明了这一点:"自觉规划出来和刻意
执行的东西,(因为这个缘故)被认为好于在历史长河中无意识
地成长并将自己确立起来的东西。"②奥克肖特说,我们已经丧失
了对社会框架的出现和演化的信仰。我们认为法律就在于解决
社会中的技术性问题,不愿意把还没有刻意作为解决方案确立起
来的东西看作一个解决方案,或者看作具有一个解决方案的
地位。

因此,并非出于偶然,奥克肖特才把杰里米·边沁视为令自己
烦恼的一个原因,并特别保留了某些人对边沁计划的蔑视。这项
计划就在于用一种理性的方式来编撰一部法典,其中的法律是由
一位开明的立法者在一张清除了古老粗野的蜘蛛网(普通法所造
成的一切污染)的白板上写下的。③ 值得注意的是,当奥克肖特对
"理性主义头脑的产物"、"政治理性主义的后裔"提出他那份恶名
昭彰的清单时,其中就包含了大量法令或立法提案:

> [18]将基督教会、公开外交、一种单一税制、一种公民服
> 务(其成员"除了个人能力外没有其他限制条件")、一个自觉
> 地规划的社会进行所谓的重新统一的计划,贝弗里奇报告,
> 1944 年教育法案,联邦制,民族主义,给女性投票,给养工资
> 法案,摧毁奥匈帝国,(H·G·韦尔斯或者其他任何人的)世

---

① Oakeshott, *Rationalism in Politics*, 5—42.

② Ibid, 26.

③ 奥克肖特为边沁在这项计划上的失败感到高兴:"我乐于见到边沁对 19 世纪的立
法产生了无所不在的影响,但是,当我们考虑到他对英国法的看法实际上是多么极
端时,需要加以注意的,并不是他的那些已被个别地付诸实践的建议的数量,而是
他的根本原则所遭受的全盘拒斥。"Oakeshott, "The New Bentham", 141。

界政府,复兴作为爱尔兰官方语言的盖尔语……①

　　现在,我不是在说奥克肖特与某些法学家结为同盟,后者蔑视或无视作为一种形式的法律的立法。在抱怨立法污染了普通法的法律学者当中,大多数人(特别是美国人)从未听说过奥克肖特;不管怎样,他们并不持有这样一种关于知识、实践和理解的理论,这种理论让他们有资格把自己对立法的关注当作理性主义本身的哲学对立面。例如,肯定没有理由认为约瑟夫·拉兹是一位闭门不出的奥克肖特主义者。但是确实有一些暗地的联系,尤其是在奥克肖特对自发的实践的论述和赫伯特·哈特对规则之本质的论述之间。

　　回想一下哈特对"某些类型的规则免于刻意改变"提出的看法。在某种程度上说,哈特的这一主张与在他那里被称为"规则的实践概念"的那种东西具有紧密联系。例如,哈特认为,一个传统的规则是免于刻意改变的,其理由是:"通过成长、得到实践、不再得到实践、衰落之类的过程,规则可以获得、也可以丧失其传统地位;除了通过这种缓慢且不自愿的过程外,用其他方式形成或受到排除的规则不可能因此而获得或丧失其传统地位。"②这个论证表明,凡是可以按照规则的实践概念来恰当地理解的规则,都是免于刻意改变的。[19]一个实践在某个方面就是一种行为模式、一种规律性;哈特的建议似乎是:这种模式不是靠法令将自身确立起来的,而是通过习惯化、模仿和社会聚焦等过程逐渐演变的。就像习惯一样,一条规则需要花费时间,才能在个别行为中找到立足点;

---

①　Oakeshott, *Rationalism in Politics*, 11.（这段引文中提到的贝弗里奇报告[the Beveridge Report]是英国自由派经济学家威廉·贝弗里奇(1879—1963)在1942年发表的一份文本,呼吁在英国建立福利制度,其中包括扩展全民保险和创建国民医疗保健制度的提议。——译者注)

②　Hart, *The Concept of Law*, 176.

就像惯例一样，一个实践需要花费时间，才能在很多人的日常互动中将自己作为一种彼此反映出来的习惯确立起来。一个实践的规范方面——一条规则的"内在方面"——大概也最好被设想为一种可以将自身逐渐确立起来的东西。一个实践呈现出一个规范的方面，并不是因为人们突然决定要去反对或谴责某些以前尚未受到反对或谴责的东西，而是因为人们逐渐发展出一种"固定倾向……将那些行为模式看作对其未来行为的指南，看作批评的标准。"①某事不仅（在一个描述的意义）逐渐变成了人们一般来说要做的事情，而且，在那些把它当作"应做之事"或"合乎规范之事"来做的人的生活中，它也别有风味。换句话说，如果规则就像一条禁令那样发挥作用，那么它最终就会变成这样：不仅相应的行为从未得到履行，而且，对于那些忍不住要履行它的人来说，它把自己呈现为一种在该共同体中"不要做"的事情。我们又得到了这样的暗示：这些英国式的说法暗含的这种固定态度，并不是一个人可以随便当作一个意图问题来改变或影响的。

就社会规则的实践概念而言，哈特从彼特·温齐（Peter Winch）②那里（以及通过温齐从奥克肖特和维特根斯坦那里）获得的教益是众所周知的。他有关实践免于刻意改变的论点本质上是奥克肖特式的，显然分享了奥克肖特的一个坚定信仰——[20]社会道德主要的、最重要的含义就在于，它是作为一套相互强化的习惯或技能而存在于一个共同体的成员当中，这些习惯或技能是在个人的性格和倾向中被确立起来，并由交织在社会生活的组织中、被视为理所当然的东西来加以维护。③ 这种社会处所是不能通过立法来规定的。它肯定是一种可以变化的东西，一种能够出现或

---

① Hart，*The Concept of Law*，255（我的强调）。这段话来自哈特的后记。

② Winch，*The Idea of a Social Science*，第 57 页及以下。

③ 参见 Franco，*The Political Philosophy of Michael Oakeshott*，特别是第 170 页及以下。

逐渐消失的东西。但是,认为人们能够决定刻意改变这种东西就等于愚蠢地想象:个人的性格和倾向,当在社会互动的细节和频率中相互反映出来并得到加强时,可以直接受到社会控制。这看来真是荒谬绝伦。

当然,在哈特看来,这种隐性实践不仅可以在社会道德的基本层面上演化,也可以在某个二级层面上演化。他将这个独特的要点(我认为奥克肖特完全错过了这个要点)补充到上述图景中。也就是说,一个社会可以把某些实践演化出来,后者的任务就在于管理用来修改一级(first-level)规则和实践的那些过程。实际上,在哈特自己的法理学中,规则的实践概念最终差不多完全集中于他所说的“二级规则”——变化规则和承认规则。这些规则实际上就是这样一种实践和(英国人所说的)惯例——它们构成一个立法机构,授权后者制定法律并使得基本道德的陈旧实践服从于合理的刻意改变过程。

奥克肖特确实正确地认为,二级规则所构成的过程很容易发生变化,结果就改变了基本规则的特征。一旦这种变化的倾向得以确立,基本规则就再也不能只是前面几段话中所勾画的那个意义上的实践了,现在反倒成为一种不同类型的实践(即立法实践)的人为产物。[21](哈特的两层次图景的这一含义值得更多研究。例如,由此可以表明,如果认为他的两个层次的规则在上面所说的“实践”的意义上是由两个层次的实践构成的,那么我们就错了。)①而且,认为这样一种变化只会令我们惋惜,也是一种奇怪的

---

① 我认为哈特承认这一点。在《法律的概念》中,他论证说,在一个盛行的两层次的法律制度中,有一件事情不再具有重要性,即(公民)对基本规则的服从要与任何特定的“内在观点”相联系。一个法律制度一定不可能存在,除非承认规则是由一组具有恰当的内在观点的官员来实践的;但是,就基本规则而论,只要它们得到大多数公民的服从就够了。参见 Hart, *The Concept of Law*, 112—117 页。感谢朱尔斯·科尔曼(Jules Coleman)和斯蒂芬·佩里(Stephen Perry)就这个问题与我进行的一些讨论。

想法。我们不论是在思想上还是在社会性上都是复杂的动物。我们不仅发展了实践，还发展了关于实践的实践，即所谓的二阶实践，正是因为有了后面这种实践，我们的互动方式才与我们进行理性思维和道德思维的能力发生联系。这实际上是对我们的共同生活方式的馈赠而不是侮辱。不错，正如奥克肖特主义者乐于强调的，一个人无法阐明骑自行车的过程中所涉及的实践技能。但是，一个人还是能够反思自行车的设计以及制约其安全性能的条例。同样，一个人有可能无法从书本中学会"位高则任重"（*noblesse oblige*）。但是，一个社会的成员可以反思一下："位高则任重"是否就是他们为了履行自己的职责而想要的那种社会责任？他们可以发展对这一点进行反思和慎思的实践，他们也可以发展一种将这种反思的结果在社会创举中体现出来的实践，而这就是我们称为"立法"的那种实践。它是一种能够培养各种新实践、能够产生各种新的实践知识、能够明确地促进各种新的内在美德的生长的实践。

五

除了奥克肖特外，还有一位主要理论家批评理性主义以及立法在现代政府中所占据的显著地位，那就是弗里德里克·哈耶克（Friedrich Hayek）。哈耶克对立法的批评甚至比奥克肖特还要明确。他的批评几乎贯穿了他的《法律、立法和自由》第一卷，①[22]并充当了他的如下信念的基础：在我们对法律和管理的现代探讨中，我们犯了严重错误。哈耶克认为，尽管好的政府本质上就在于用一般的法律来进行统治，但是，对他来说，重要的是要把那些法律设想为已经隐含在一个自由社会的实践中，而且，即使它们被认

---

① 参见 Hayek, *Rules and Order*。

为可以发生变化,其变化也应该是渐进的和自发的,而不是由立法者来规划和组织的。在这个意义上,法律与立法很不相同。① 法律不依赖于人的目的,因为协调人的目的就是其职能所在。法律不依赖于人的意志,因为调和自由意志就是它的使命。法律可以是不完美的,但我们能够指望的最好法律就是"让自身变得纯粹"的法律。法律不是一种要用某个雄心勃勃的立法者之理性计划的形象来改造或修改的东西。这就是哈耶克对法律的理解。相比较而论,他强调说,立法团体的主要关注向来都不是容纳和协调不受约束的目的,而是建造、经营以及管理政府和国家。这些是我们若要承担就必须深思熟虑地履行的任务。因此,既然刻意制定规则对于这种有组织的活动来说是本质的,就有一种自然的趋势把明确的组织与各种刻意制定规则的活动联系起来。换句话说,人们对立法本身的思考就逐渐走向了"立法本质上是一种管理"这样一个思想观念:

> 正是在与政府组织的规则的联系中,对"法律"的刻意制作变成了大家都很熟悉的例行程序;一个政府的每一项新举措,或者政府结构上的每一个变化,都要求对其组织制定出某些新规则。这种新规则的提出因此就成为一种公认的程序,甚至在有人思考如何利用该程序来改变既定的公正行为规则很久以前,[23]就已经是这样了。但是,只要这样做的愿望出现,有一件事情几乎就变得不可避免了:这项任务被委托给在另一个意义上一直在制定法律的团体……②

因此,现代"社会立法"的趋势就是将整个社会处理为一个有

---

① Hayek, *Rules and Order*, 72.

② Ibid, 91.

待"经营"和"管理"的组织,这样也就对自由、宪政主义和法治产生了可怕影响。[①]

这就是那个广泛的图景。一般来说,在哈耶克的论证中,我们发现了也同样出现在奥克肖特那里的比喻:立法者被看作狂妄自大的启蒙运动的社会工程师。边沁再次被当作主犯来传讯,因为据说他试图按照自己的理性主义观念去建构和重构社会。对哈耶克来说,边沁的恶行俨然是法理学中一种更加普遍的趋势的一部分:

> 那种认为所有法律都是来自立法者之意志的法律实证主义观念,是建构主义所特有的那种意向论谬误的一个结果,堕落为那些人类制度设计理论,而这些理论与我们对法律以及大多数其他的人类制度的演化所具有的一切认识有着不可调和的冲突。[②]

当然,颇有讽刺意味的是,在所有这些思想中,哈耶克都完全错过了这一点:实际上,现存的法律实证主义者都争先恐后将自己与任何一种这样的法理学拉开距离,那种法理学所关注的是在国会或议会中所进行的那种刻意的、自觉的立法。在政治理论层面上,哈耶克和奥克肖特因为人们对立法和立法机构的强调而感到惊慌失措。然而,在法哲学层面上,他们一点都不需要感到忧虑:法理学仍然被固定在法院中,被固定在判决推理上,被固定在普通法的那种被认为是有机的、自发的、含蓄的成长中。

---

① Hayek, *Rules and Order*, 124ff. 对立法与管理之间的这种联系的一个更有利的看法(这个看法也对立法是否最好被视为"法律"提出了质疑),见 Rubin, "Law and Legislation in the Administrative State"。

② Hayek, *Rules and Order*, 73.

六

按照我的猜测，将法理学继续固定在那些东西中的理由，其实与对理性主义建构论的哲学批评关系不大。这个理由更多地是一个忧虑，也就是说，担心法律的那种有吸引力的匿名地位以及（只要这种地位得到维护）表面的中立性会受到危害，或者不管怎样，它与政治的距离或对政治的独立性会受到危害。

前面我说过，法律可以由否认自己正在立法的团体来制定，也可以是由明目张胆地宣告立法就是自己意图的团体来制定，而法理学家觉得前面那种立法更自在。不过，我不是说法理学家本来就很看重内敛和谦逊本身。我的意思是说，一个法律制度的大部分权威、它的正当性（legitimacy）（或者它的单纯的吸引力，假若你喜欢这样说的话）就在于我们可以认为自己服从于法治政府而不是人治政府。把注意力集中于立法会有这样一种危险：作为法律的一个来源，立法过于人为，过于与特定人物在特定时间明确地做出的决定相联系，过于强调我们要服从的就是这些规则而不是那些规则。假如我们不喜欢一个正在出现的普通法学说，我们可以用传统来谴责它。但是，如果我们不喜欢一条法令，我们就倾向于将它视为保守党的一项立法或者一项社会主义措施，一种从威廉·贝弗里奇、富兰克林·罗斯福或者雪莉·威廉斯①的观点来

---

① 雪莉·威廉斯（Shirley Williams, 1930- ）：英国政治家，出身于书香门第（父亲是政治科学家和哲学家，母亲是女权主义和和平主义作家），原来是劳工党成员，但在1981年成为四人反叛小组成员，与其他成员一起建立了社会民主党，最终成为上议院自由民主党领袖。她与已故著名哲学家伯纳德·威廉斯在1955年结婚，但两人在个人价值（例如宗教态度）方面有着严重分歧，在伯纳德·威廉斯与剑桥历史学家昆廷·斯金纳的妻子帕特里夏·斯金纳有了外遇的时候，两人的关系到了极限并最终在1974年离婚。雪莉·威廉斯1987年与哈佛大学历史学家理查德·诺伊斯塔德（Richard Neustadt）结婚，并在第二年开始担任哈佛大学政府（转下页注）

看要加以责备的东西。

我不是在说每个人都愿意把普通法在起源上描绘为中立的和匿名的。许多人不这样做;这是法律传统主义者和批判法学研究运动的追随者之间的一个主要争论。① 但要点是,与这个争论相联系,司法推理对法理学提出了一个特殊的挑战或者说一个特殊的争论。[25]法院用来形成决议的过程本来就是特殊的和独特的,并非直接地就是政治的,而是表示了合法性(legality)的某个基本精神。发现这些关于司法推理之特殊性的主张是否可以得到维护,这是一个对法理学来说有点重要的问题。并不存在关于立法推理的类似争论。众所周知,在国会或议会中展开的辩论明确地、不加掩饰地是政治性的。而法理学中就没有关于这一点的争执了;你可以在英国议会的议事录上读到这种辩论,或者在有线卫星公共事务网络看到这种辩论。它或是利益的相互影响,或是政策提案或意识形态的直接冲撞。它就是约瑟夫·拉兹称为"前法律推理"(pre-legal reasoning)的那种东西,②因此在这个意义上不是法哲学家需要去担心的事情。

七

我们自以为知道立法者如何进行辩论;但是果真如此吗? 也就是说,我们真的理解了立法和立法推理对法律目的来说意味着

（接上页注）管理学院教授,不过,在 1993 年,她因为进入上议院而重返英国从事政治事务(同时仍与哈佛大学保持紧密联系)。——译者注

① 法律传统主义是一种与政治保守主义(例如爱德蒙·柏克的思想)相联系的观点,强调法律的有效性或权威与传统的本质联系及其重要性。批判法学研究运动是一些法律研究者在 20 世纪 70 年代发起的一场运动,旨在用法兰克福学派的批判理论来批评现代西方社会占据主导地位的法律意识形态。实际上,在美国,这场运动在 20 世纪 30 年代兴起的法律实在论中就有其思想根源。——译者注

② 这是拉兹在与我的交谈中使用的说法。

什么吗？一方面是在国会或议会中进行的商议，另一方面是最终作为法律而得到的法令的权威，对于二者之间的关系我们有充分的把握吗？

在这个问题上我们仍然有点茫然，而将这一点显示出来的迹象则与确定立法意图（legislative intent）这件令人担忧且充满争议的事情有关。在 1992 年英国上议院就"佩珀诉哈特"①一案做出的判决中，在最近的英国法律中首次有人认为，为了解决"应该如何解释一条法令"这一争论，法院有资格商榷议会辩论的记录。这件事在英国法律中实属创举。数个世纪以来，法院一直认为，由于 1686 年的宪法决议的一个方面，它们无权从事这种调查，[26]因为那项决议规定，任何法院都不得辩驳或质问下议院的会议录。当时的议会制定这样一个条款，是为了避免日后不再发生约翰·佩姆（John Pem）受到司法迫害这样的事情，然而，这项特权长期以来妨碍了人们在法令的解释中去考虑立法意图。只有英国人才会做出这种既离奇有趣又令人气恼的事情。不过，这也表明我们对这个问题的思考是多么不清晰。

议会的特权论证很可笑；但是，这并不意味着搜索议会对立法意图的证据记录就是一件可以通情达理去做的事情。相反，在我看来，认为立法会议记录能够揭示立法意图的想法是有严重缺陷的，而且其本身就进一步表明我们的立法法理学是多么不适当。

表面上看，"立法意图"这个观念好像有点意义。立法是一种意向活动——正如我先前所说，就立法而论，有一件事情令人吃惊或者说无所顾忌，即：有些人认为，只要立法机构传达了它要改变法律的意图，法律就被认为受到了改变。而且，如果有一个关于什么变化已经用这种方式来实现的问题，那么答案被认为是这样的：就是立法机构宣告它有意要实现的那个变化。到此为止都还不

---

① *Pepper v. Hart* 3 W. L. R (1992).

错。但是，到目前为止对立法意图的这种理解并没有让我们超越法案或法令的文本。在立法行为中被交流且被给予行为效应的意图，就是与那条法令的语言具有约定联系的那个意图。如果存在着关于"那个语言意味着什么"这样一个进一步的问题，比如说因为它是含糊的或有歧义的，那么我们目前提出来的那个意图概念也提供不了什么指南。

就个别说话者而论，当她语词不清时，[27]我们可以问她究竟想说什么，或者，如果她原来的话语与某些思想观念相联系，那么就可以去查查我们对那些思想观念的了解。也就是说，我们可以理解这样一个想法：有一个当前的意图与那个个别的言语行为相联系，而除了该言语行为本身的约定内容外，这样一个意图还可以有其他的证据或暗示。如果立法机构就是一个单一的自然个体，那么我们完全可以做同样的事情。面对一条模糊的法令，我们会把立法者叫到跟前，问她究竟是什么意思；或者，如果我们无法把她叫出来，那么，既然她在立法的时候是有想法的，我们就可以关注我们对其思想状态的其他认识。

然而，如果一个立法机构不是一个单一的自然个体，而是由几百个成员组成的一个团体，具有极其多样的（实际上，往往在政治上相对立的）意见和心态，那么这种做法就没有意义了，或者至少没有直接的意义。当然，我不是在说这样一个团体不可能具有意图或履行意向行动。它可以，但只是因为它有一些可以在形式上来指定的行为——也就是说，只是凭借某些制度规则（例如关系到投票以及对法律条文的第一次、第二次和第三次解释等等的规则），这些规则规定了什么东西算作一个议会法案或国会法案等等。除此之外，并不存在是否可以把任何思想、意图、信念、目的赋予立法机构本身的问题。当然，有一种意义，它以约定的方式体现在在上议院面前提出来并加以表决的法律文本中。但是，除了这种意义外，并不存在这样一种状态或状况——它对应于"立法机构的意图",而且,任何其他东西(例如特定成员或群体此前的思想或言行)都有可能为它提供线索。不错,立法机构有意颁布的法令在制度上取决于个别成员的投票行为;这些投票行为也必须被理解为有意的。[28]不过,在这里,重要的是与某个特定的运动相联系,而把赞成或否决表达出来的那种意向性,而不是可以伴随投票而出现的任何希望、抱负或理解。立法者们当然有自己的个人期望和希望,但是,除非有人认真主张说,我们应该通过使用某种非正式的多数决定原则来聚集那些思想状态,①否则我们就得承认,只要我们放弃了"那些特定的意图是统一的"这一假定,就没有办法把它们相互联系起来。②

八

我对立法意图的讨论比原来预想的多了一些。在英国,这个问题只是作为"佩珀诉哈特"一案的结果而开始出现,但在美国却是一件大事。在美国,律师们花好几百个小时的计费时间去搜索国会记录和委员会记录,试图从多数票的某个成员那里发现只言片语来支持他们正在提出的解释。这是一种有争议的做法:对立法意图的探求已经被描述为这样一种东西——它更像是在人群中寻找一张友好的面孔,而不像是为解释寻找一个权威基础。③

在本章这个部分,我想要强调的是,这个实践已开始起步,却没有深入考虑一个现代的立法机构究竟是一种什么样的行动者。

---

① 这要如何发挥作用呢? 我们感兴趣的是投票反对议案的少数人的意图以及投票支持它的多数人的意图吗? "有意的"多数可以既跨越投反对票的少数又跨越投支持票的多数吗?

② 关于不同的观点,参见 Brest, "The Misconceived Quest for the Original Understanding",尤其是第 212—213 页,以及 Dworkin, *Law's Empire*,第九章。

③ 参见 Radin, "Statutory Interpretation", 871。对于最近对这种做法提出的最有力的批评,见 Scalia, *A Matter of Interpretation*,特别是第 16—37 页。

就此而论，对于那些必须处理法令条文的解释（这显然是一项困难的实践任务）的人来说，法哲学历来毫无帮助。我刚才已经面对"立法意图"的思想提出一些论证，它们都关键地取决于如下事实：我们的立法机构不是由一个君主组成的，而是由好几百号人组成的，他们不仅具有各不相同、甚至经常发生冲突的信念和关注，[29]而且，在一种高度结构化和形式化的环境中，他们都是作为平等的个体而相互面对。然而，三个多世纪以来，这个事实在很大程度上被认为很无趣，在实证主义法理学中得不到关注。

只要回顾一下法哲学，我们就可以发现，在谈论立法时，法理学家对于按照单个人模型来处理立法感到最自在。作为一种默认的见解，它甚至感染了对上帝存在的宇宙论论证。利顿·斯特雷奇（Lytton Strachey）向我们讲述了一个故事，说的就是这种见解对弗罗伦斯·南丁格尔（Florence Nightingale）①的影响。南丁格尔小姐晚年写了一本哲学书：

> 南丁格尔把该书的一个副本送给[约翰·斯图亚特·]密尔先生，密尔在一封很客气的信中承认他收到了此书。不过，他觉得有责任告诉南丁格尔小姐，他一点也不相信她对上帝存在的证明。南丁格尔小姐感到惊奇和苦恼，因为她很看重密尔先生，而她对上帝存在的证明确实很难得到改进。"一个规律"，她指出，"蕴含着一个立法者。"现在，宇宙中充满了各种各样的规律——引力规律、排中律以及许多其他规律；由此推出宇宙有一个立法者——如果密尔先生对这个证明尚不满意，他还会对什么东西感到满意呢？
>
> 也许密尔先生会问道，为什么这个论证尚未得出其逻辑

---

① 南丁格尔（1820-1910），英国护士，1854 年在克里米亚战争中组织领导野战医院，她被认为是现代护理学的奠基人。——译者注

结论呢？显然，如果我们必须信赖与人类制度进行的那种类比，那么我们就得记住，法律事实上不是由立法者来颁布的，而是由国会议案来通过的。然而，既然南丁格尔小姐对公共生活很有经验，她就绝不会停下来考虑一下上帝有没有可能不是一个受到限制的君主。①

——或者，就此而论，一个两院制的议会！

正如我所说，关于南丁格尔的见解没有什么新东西；[30]自从法律实证主义建立以来，这种见解就贯穿于其中。确实，不论是在杰里米·边沁的著作中，还是在约翰·奥斯丁的著作中，我们都可以发现有一种倾向倒向如下思想（这当然就是当代英国的政治现实）：立法机构可以是由很多人组成的庞大政体。因此边沁以一种中立的语调说道，每当我们注意到"任何人或任何人民集会，其意志是一个完整的政治共同体被认为（不管出于什么理由）要服从的，而且优先于任何其他人的意志"，②在这个时候，我们就把一个主权者鉴定出来了。但是，"人民集会"这个说法几乎就是边沁对这一点的唯一让步，因为在他的法理学的其余部分以及他的大部分政治哲学中，主权者差不多总是被称为"他"（而且，只有一次，大概是为了讨人喜欢，边沁才使用这个代词的非人称代词形式）。尽管如此，边沁强调自己是在谈论真实的立法者："我在这里谈论的是设计法律的人们，而不是用节杖来触摸法律的那些人。"③我不是在说边沁对立法团体毫无兴趣。恰恰相反，他可以宣称他已经

---

① Strachey, *Eminent Victorians*, 192—193.

② Bentham, *Of Laws in General*, 18（我的强调）。奥斯丁的语言是类似的："每一个实在法，或者说每一个完全被严格地称为实在法的法律，都是由一个有主权的人或若干人组成的一个有主权的团体，面对一个独立的政治社会的成员而设立，而在这个政治社会中，那人或那个团体具有至高无上的地位"（Austin, *Lectures on Juris-prudence*, Lecture VI）。

③ Bentham, *Of Laws in General*, 第 238 页注释。

为一种痴迷(英国人对立法院的形态和装备所特有的那种痴迷)奠定了基础,而在温斯顿·丘吉尔的著作和演说中,这种痴迷再次流露出来。① 但是边沁看不到它在立法集会方面对法理学产生的后果。

为了理解边沁的思想,我们不妨认为,他的思想私下暗示了一种对君主制的明确的哲学偏爱,不管这种偏爱是采取哲学王的形式,还是采取单一主权者的形式,抑或是采取开明的专制君主的形式。假如我们把边沁和奥斯丁的实证主义与霍布斯的实证主义联系起来,我们肯定就会达到这个结论。因为当霍布斯说"他就是立法者……"②的时候,这个代词根本就不是中立的,而是反映了霍布斯的个人信仰,即君主制是迄今为止最好的政府形式,[31]其中一个理由是:"一位君主不可能因为嫉妒或是因为某些利益而与自己过不去;但是一个团体就可以这样,以至于到了一定程度就会产生内战。"③与此同时,霍布斯认为自己别无选择而只能承认,"在本书中,只有这件事是无法论证而只能大概阐述的。"④因此,他的观点的严密逻辑就要求他不断重申,至少在理论上说,主权"或可以被授予一个人,或可以被授予一个以上的人组成的团体"。⑤

最终,我认为,我们之所以在法理学上对立法感到不安,这也是其中的一个方面。立法并不仅仅是有意的、行政的或政治的:在现代世界中,立法首先是某个集会——多数人、群众、乌合之众(或他们的代表)——的产物。法官们以其孤独自傲,以其书本、学识

---

① 参见 Wheare, *Legislatures*, 7—13。

② Hobbes, *Leviathan*, 185.

③ Hobbes, *Leviathan*, 132. 亦可参见霍布斯在如下地方的讨论:*De Cive*, Chapter 10, sects. x—xv, 136—138。

④ Hobbes, *De Cive*, Preface, 37.

⑤ 例如,参见 Hobbes, *Leviathan*, 129, 184。

以及与日常生活条件的隔绝而高居于我们之上。即使他们不是孤独地当法官，他们周围也只有少数占据类似地位的密友，他们可以与那些人培养同僚和学术关系，培养排斥异己的德性。相比较，一个议会是由比那个数字多很多倍（也许几百倍）的人组成的不守规矩的团体。用布莱克斯通的话说，成为一个法官需要长期训练；而在下层民众中，由选民送往英国议会的每一个成员都认为自己生来就是立法者。这种人真是数不胜数，尽管其他人几乎不这样来看待自己。这怎能成为一种有尊严地制定或改变法律的方式呢？

　　这就是令我着迷的那个忧虑——在法律思想和政治思想的正典中明确达成的一个共识，即一个立法团体的规模是理性立法的障碍而不是优势。

　　古希腊人早就觉得，这个共识的一部分是由这样一种认识来说明的：[32]立法团体的规模越大，立法者在智慧和知识方面的平均水平就越低。这种认识可谓古来就有的偏见，而在启蒙运动时期也浮现出来。马奎斯·孔多塞（Marquis de Condorcet）的观点就是典型代表。一方面，孔多塞在算术上证明，多数规则产生了这样一个团体，与其平均成员相比，该团体更有可能对某个问题提出正确的答案；而且，该群体的规模越大，多数人得出的答案就更有可能是正确的——只要其中个别成员的平均能力（每个个别成员对他们所面临的问题提出正确答案的机会）大于 0.5。另一方面，孔多塞也认为，每个人的平均能力往往会随着团体规模的扩大而独自衰减（而且，这样一来，多数决定的算术就在对立方向上发挥作用了）：

　　　　一个很庞大的集会不可能是由很有智识的人组成的。有可能的是，在很多问题上，组成该集会的那些人会把严重的无知与许多偏见结合起来。于是就会有大量的问题，在这些问题上，每个投票者得到正确答案的概率将低于 0.5。由此推出，该集会的成员越多，它做出错误决定的可能性就越大。①

即使大规模的立法者群体的无知不是一个问题，也仍然有一种担忧，即担心他们容易受到激情和恶意的影响，詹姆斯·麦迪逊（James Madison）就显示了这样一个关切：

> 一个代表制议会的人数越多，它就越容易染上人民集体集会所具有的那种优柔寡断的毛病。无知就会成为诡诈的上当者，激情也会成为诡辩和雄辩的奴隶。人民的错误莫过于假设，通过超越某个限度来增加其代表，[33]他们对少数人统治的防备就加强了。经验永远会告诫他们：恰恰相反，一旦安全、本地情况以及对整个社会的普遍同情已得到充分保证，每增加他们的代表，他们就会妨碍自己的目的。政府的脸色可以变得更民主，但赋予其生命的灵魂将具有更多的寡头政治色彩。②

对寡头政治的恐惧在很大程度上反映了对一个困难的关注，那就是，很难充分地协调数量众多的代表，以得出连贯的法律。代表人数越多，他们就越需要一个推动者或协调者；这样，通过寡头政治这种强硬的法律，权力最终就会被移交到寡头政治手中。

然而，对大多数理论家来说，这种关注与其说是对寡头政治的关注，不如说是对一个简单困难的关注，即：在一个特定的立法会议中，很难协调大量成员。在布莱克斯通看来，在一个代表

---

① Condorcet, *Selected Writings*, 49. 也可参见 Estlund et al., "Democratic Theory and the Public Interest"。

② Madison et al., *The Federalist Papers*, 351, Number LVIII. 感谢马歇尔·桑格尔（Marshall Sanger）向我指出这个参考文献。在这个问题上，《联邦党人文集》第 55—58 篇的讨论都值得阅读。

制议会把"一个制度从多于五百位顾问的不相和谐的意见中"提取出来，这是一项"极为艰巨的"的任务。① 甚至就连卢梭这位参与制立法的使徒在《社会契约论》中也问道："如若一群盲目的大众往往不知道自己要意愿什么，……它怎能为自己完成一个立法体制这样一项巨大而困难的任务？"②据我们所知，卢梭是按照他的"立法者"的形象来提出这个困难的，而作为一个神话人物，这个立法者从我们的目的来看既是独一无二的，又具有"无比卓越的智慧"。

　　一百年后，在英国政治理论中，我们听到了这种关注的回声。约翰·斯图亚特·密尔很担心：当议案"在一个五花八门的议会中被逐条表决"时，③我们到底有没有希望提出连贯的立法。密尔一般地论证说，"除非由一群人组成的团体已经组织起来或者听从指挥，否则它就不适合于采取任何行动"；④[34] 立法活动就像执法活动一样取决于行动，密尔由此断言："一个人数众多的议会不太适合立法的直接行业，正如它不太适合行政管理的直接行业。"⑤沃尔特·白芝浩用类似的方式谈到下议院："这里有 658 个人，从英格兰[原文如此]各地聚集而来，在天性、相貌和语言上都各不相同。"⑥从他们那些杂乱无章的提议和对立提议中，怎能产生一种本来应该是连贯的东西呢？ 白芝浩补充说，在英国有一个谚语："'一个庞大的集会做不成任何事情'；但[在这里]我们是由下议院

---

① Blackstone, Commentaries, Vol. 3. 转引自 Lieberman, *The Province of Legislation Determined*, 62。

② Rousseau, *The Social Contract*, Book II, Ch. 6, 193.

③ Mill, *Considerations on Representative Government*, Ch. V, 109. 密尔继续说道："这样一种立法方式的不一致令所有人都感到不安，要不是我们的法律在形式和构造上已经处于如此混乱的局面，再怎么补充民众的人数似乎也不可能产生更大的混乱和矛盾。"

④ Mill, *Considerations on Representative Government*, 102.

⑤ Ibid, 109.

⑥ Bagehot, *The English Constitution*, 122.

这样一个庞大的会议来管理的。"①

因此,我想要用一个主题来结束本章,它关系到现代立法机构的规模以及刻意立法所涉及的各种人及其绝对数量。我们都假设,即使执法和司法机构在其影响力范围内只由少数人构成,但是,在政府的一切主要部门中,唯有立法机构应该由好几百人组成。这个假定有什么根据呢? 它告诉了我们有关立法的什么东西呢? 由一个"庞大的集会来立法"这样一个显然很糟糕的思想,何以可能作为宪政组织的一个原则而变得如此根深蒂固?

在下面几章我将论证说,人们对"庞大的集会"所达成的共识并不像表面上看上去那样如此坚如磐石。马基雅维利大约在五百年前就警告过我们,千万不要愚蠢地认为,平静和庄严就是一个好政体的标志,喧嚣和冲突则是一个政体发生病变的症状。他说,"好的法律"可以来自"许多人轻率地谴责的那种骚动"。他继续说道:

> 有些人谴责贵族和平民之间的争吵,但是对我来说,他们所责备的东西本来就是使罗马获得自由的首要原因,[35]而他们却认为在这种争吵出现的噪声和叫喊超过了它们所产生的好结果。②

他说,我们应该看看冲突和争吵能够为自由获得什么,不要轻易就被大众集会中那种吵杂或散发臭味、又或是令人讨厌的氛围感到烦恼。这就是我将遵循的劝告,在本书中,就立法的尊严这个问题而论,我将寻找政治理论中遵循这个劝告的其他人物。我指的是那些意想不到的人物:因为结果会表明,甚至在那些相信美德

---

① Bagehot, *The English Constitution*, 123.
② Machiavelli, *Discourse on Livy*, Book I, Ch. 6, 16.

统一性的人当中,甚至在那些赞美自然法的单一性和客观性的人当中,甚至在那些让我们去关注道德思维的那种令人敬畏的孤傲的人当中,也仍然有一些哲学家认真看待政治的多样性。他们认识到人是多种多样的、可以彼此发生分歧,他们从这个事实中看到法律是可以有争端的;他们相信,假若一个立法机构只是由一个庄重而开明的心灵构成的,那么试图在它那里来表达这种多样性就是一个错误。因此,接下来我将考察康德的一个预设:道德分歧就是政治的环境;我将考察亚里士多德的一个猜测:在多数人那里存在的智慧也许比他们当中最聪明者的智慧还要多;我将考察约翰·洛克的一个认识:考虑到一切因素,"人民绝不可能感到安全和放心,也绝不可能认为自己是生活在公民社会中,直到立法机构被置于人民集体中,不管我们是称之为参议院,称之为议会,还是称之为什么别的东西"。①

---

① Locke, *Two Treatises*, 329—330 (II, para. 94)(《政府论·下篇》,第 94 段)。

第三章　康德的实证主义

一

[36]我们有很多人，我们对正义的看法各不相同。如何思考这种分歧决定了如何思考政治。而且，既然法律是政治的子嗣，如何思考这种分歧在某种程度上也决定了如何思考实在法。

考虑一个例子。一个共同体的成员可以在如下问题上产生分歧：一个立遗嘱者是不是应该有一种李尔王式的权力不允许他的一位孩子分享其财产？有些公民拥护立遗嘱的自由，于是他们就说他应该有这种权力：那毕竟是他的财产，因此应该按照他的意愿来宣告。其他人则认为他不应该有这种权力：只要他死了，与保证其子孙的福利相比，尊重他的偏好就没有那么重要了。这个争论是一个政治争论，不只是因为公民们会有分歧，因为甚至在不需要做出政治决定的事情上，比如说现代小说的优点、罗马和迦太基之间所发生的三次战争的原因等等，我们也会发生分歧。遗嘱权问题之所以是政治问题，是因为：即使人们对"是否值得拥有某个东西"（merits）①持有不同的看法，他们还是会同意共同体需要对这

---

① 《牛津英语词典》把"merit"这个词定义为"值得赞扬（或者奖励或钦佩）（转下页注）

个问题提出一个明确的解决。立遗嘱的自由不是一种我们可以同意对之有不同看法的东西。毋宁说,尽管我们可以同意在意见上是有分歧的,但仍有必要的是,[37]在这个问题上我们应该达到某个立场,而且,这个立场要作为共同体对财产拥有者的权利和权力所达成的立场来加以维护。

对于哪一个立场应该以共同体的名义得到维持和强化,我们是有分歧的,因此我们就需要一个过程(一个政治过程)来决定那个立场应该是什么。我们需要一种由个人和机构以共同体的名义来实施的、记录和贯彻这种立场的实践。这种实践具有这样一个特点:被委托来执行共同体立场的人们会因为个人意见或党派偏见而与之发生分歧,而在面对这种分歧的时候,这种实践是有复原能力的。如果我们把被鉴定为共同体立场的那个标准称为该共同体的*法律*,那么我刚才提到那种复原能力就是我们所说的法治的(部分)含义。

以这种方式来理解,法治不只是这样一个原则:即便法律危及官员和公民自身的利益,他们还是应该应用和遵守法律。① 它是如下原则:即使一个官员或公民很有信心地认为法律在政策上是不公正的、道德上错误的或者令人误入歧途的,在这个时候他们也应该应用和遵守法律。因为刚才提到的那个标准的颁布本身就证明了一个观点的存在,它关系到那个标准的公正、道德或合意,并且不同于他们自己在这方面持有的观点;某个人必定已经支持法律,或认为它是一个好主意。换句话说,法律的存在,加上个人自己的意见,就是共同体在这个根本问题上存在道德分歧的证据。官员因为法律不公而不去执行法律,公民因为某事更加公正就去

(接上页注)的特点",因此它具有"优点"、"长处"、"价值"、"功绩"之类的含义。在这里,这个词看来指的是某个人在某个方面是否有资格或适当的理据拥有某个东西,相当于一般所说的"应得"(desert)。不过,在第五章讨论亚里士多德的情形中,我们将对这个概念提出另外的译法。——译者注

① 参见 Fuller, *The Morality of Law*, 81−91。

做它(尽管这样做与法律不符),此类做法都等于放弃了法律的观念,即放弃这样一个思想:在成员们有所分歧的某个问题上,共同体已经采取了一个立场。这种做法等于回到这样一种状况:[38]在其中,每个人都完全按照自己的判断去行动,凡是他们认为正确或者对自己有利的事情,他们就会去做。

这种做法会不会成为一种灾难呢? 如果人们的道德判断是非理性的、没有经过透彻思考、不知情的或者有偏颇的,那么它大概会成为灾难。然而,即使我们假设每个人都竭尽全力来确定什么东西确实是正确的和公正的,仍然会有一些问题,因为不同的人可以达到不同的结论(不管他们多么尽职尽责)。

回到前面提到的例子:一个人死了,死去时他女儿拥有他的住房。当地有一个专门收留流浪狗的组织,他们派代表拿着一张纸对死者的女儿说,死者已经在这张纸上签了名(他的签名得到了可靠的证实),立下遗愿把那幢房屋捐给该组织。来自该组织的代表及其支持者确信他们可以按照遗嘱采取行动,于是就试图以正义和财产的名义占有那幢房屋。那位女儿及其朋友同样确信,将她赶出家门、让她无家可归是不公正的,因此他们坚决抵制占据那幢房屋的任何尝试。如果共同体对于立遗嘱的自由尚未采取任何立场(或者,如果大多数人在自己的观点与共同体所采取的无论什么立场发生冲突的时候都无视后者),那么就要对双方(那个女儿和那个组织)采取强制性力量(force)。而且,就每一方而言,强制性力量都是以正义之名而正当地使用的。

现在,为了正义而采用强制性力量肯定不是不恰当的。(我们有一种办法把权利和正义的领域与道德的其他方面区分开来:前一个领域中的事情是可以恰当地加以强迫的。)①但是,在以正义

---

① 见哈特在 Hart, "Are There Any Natural Rights?"第79—80页处的讨论:"这组道德概念的最重要的共同特征是,为了保证公正或公平的事情或者某人有权要求的事情会切实得到履行而使用强制性力量或者用这种力量来进行威胁,这当中没有什么不适宜的东西,反而很合适;因为正好是在这种情况下,对另一个人的强迫才是正当的"。

之名、用一种对抗性和矛盾的方式对于对立双方所实行的强制性力量中,就有了一种对正义观念的冒犯。以正义之名使用强制性力量,是为了保证人民能够得到他们有权得到的东西。[39]但是,如果强制性力量是被用来保证冲突的目的,那么它与这种保证的联系就破裂了。如今,强制性力量正在被简单地用来捍卫人们用来维护对于正义的冲突看法的那种热烈,而这种做法很可能比不使用强制性力量来为正义服务还要糟糕。

因此,在这个问题上就需要一个单一的、确定的共同体立场,一个在其实施上与正义的完整性和明确性保持一致的立场。如果被认定为共同体立场且得到落实的那个立场是错的,那么正义肯定就以另一种方式受到了冒犯。但是,既然在这个问题上必然会有分歧,既然在这件事情上的竞争立场从一切实际目的来看都是对称的(每一方都很真诚,每一方都认为自己的观点抓住了真正公正的东西,每一方都相信对方是客观上错的),也就没有任何政治上的方式可以用来排除这种实际冒犯的可能性。我们为了正义的完整性能够在政治上做的,不外乎就是,确保强制性力量是(而且只是)被用来维护一个任何人都可以将之认定为共同体立场的那样一个观点,不管他们在这件事情上持有什么实质性的意见。

二

我刚才介绍的观点很复杂,但我不希望它特别有争议。从霍布斯的时代以来,该观点的各个变种已成为西方法理学特别是实证主义法理学的一个部分。我料想有所争议的是如下主张:这也描绘了康德的成熟的法律哲学。

有一个原则认为,我们应该放下对正义和不义的个人判断,去服从任何碰巧存在的法律。倡导这个原则的根据往往是这样的:[40]和平和安全对每个人来说比她自己对"权利或正义究竟在于

什么"的坚定信仰要重要得多。相比较,如果有人像康德那样相信
"若没有正义,地球上人们的生活就毫无价值"(《道德形而上学》,
105:332),①那么我们肯定指望他会认为,与每个人都做自己认为
是正当的或公正的事情可能带来冲突和不便相比,对正义的尽职
尽责的追求更为重要。

　　康德对法哲学的贡献往往被认为主要是对一项"规范"事业的
贡献,这项事业讨论"法律应该是什么"这个问题。罗尔斯之所以
将自己的工作(至少在《正义论》中)描述为"康德式的",是因为他
的工作所要珍惜的价值,就是康德在对一个公正的社会是什么样
子的论述中所珍惜的价值:尊重个体、尊重自主性、与所有人的同
等自由相容的最大自由等等。而且,在现代政治哲学中,说某个人
是一个"康德主义者",意思就是说他重视个人的道德思维,把后者
而不是把国家的命令或普通法传统作为思考权利和正义的指南。
因此,在美国宪政法理学中,将某人认定为一个康德主义者就是
说,他认为有各种方式去断定正义究竟在于什么、我们实际上有什
么权利。这些方式就是道德推理的方式,而且,只要我们采纳了它
们,我们就不会受某个立法机构所做出的决定的摆布,或者不会受
1791 年在费城制定宪法的那一群人的偶然想法的支配。在这个
意义上,罗尔斯在《正义论》中的论证是康德式的,不仅因为它们强
调平等、自主和尊重,而且也因为它们为一种个人的道德思维方式
提出了政治主张,在理想状况下,这种方式被认为可以推翻在现存
的法律中体现出来的目标、政策和价值。

　　[41]如果说现代法律学者将康德视为"权利即王牌"这一观点
的先驱,那么,通过罗伯特·沃尔夫(Robert Paul Wolff)的眼睛,

---

①　正文中所引用的康德的《道德形而上学》(*Metaphysics of Morals*)的版本是玛丽·
　　格雷戈尔(Mary Gregor)的译本,前一个数字指的是该译本的页码,后一个数字指
　　的是康德著作的普鲁士科学院版第 6 卷的页码。

政治理论中的一代学者就学会认为康德对一切法律权威的主张都持怀疑态度,反而强调每个人都有责任为自己解决"应当做什么"这一问题。沃尔夫说,真正的道德行动者绝不会因为有人告诉他要做某事就去做那事:"对自主的人来说,严格地说根本就没有一个命令这样的东西。"①既然服从法律权威涉及去做我们在立法机构的吩咐下必须做的事情,这样,康德式自主性的负担看来就是,原则上说我们必须拒斥法律权威,成为沃尔夫所说的哲学上的无政府主义者。②

学会把这种观点看作康德的见解的那些人,恐怕会很惊讶地发现他们所说的是,如果人们希望为自己去弄明白权利和正义,那么这个希望本身就是一个问题——实际上,它就是康德在论述公民社会的优点时用来界定自然状态的那个问题。他们会感到惊慌失措——假若他们听到在这里对康德提出的解释是,为了信奉实在法的那种看来显然是"受外界支配的"义务,我们的明确责任就是要放弃一种棘手的实践——为自己透彻地思考并按照自己的自主判断去行动。

当然,众所周知的是,沃尔夫从自主性到无政府状态的推理在一个顽固的事实面前摔倒了,那就是,康德自己持有一种政治上的威权主义(authoritarianism)观点。康德认为,蔑视立法机构"是一个国民整体中最大的、最值得惩罚的犯罪"。③公民可以通过写信和写小册子来抱怨不正义,④但是他们的抱怨必须与任何不服从

---

① Wolff, *In Defense of Anarchism*, 14−15(作者自己的强调)。

② Wolff, *In Defense of Anarchism*, 18:"一个人要履行一项特殊的义务,即让自己成为自己的决定的作者,就此而论,他就会抵制国家对他具有权威这一主张。……他就会否认,仅仅因为国家的法律是法律,他就有责任加以服从。……无政府主义看来就是唯一符合自主性之美德的政治学说。"

③ Kant, "On the Common Saying", 81.

④ Kant, "On the Common Saying", 85. 亦可见 Kant, "An Answer to the Question: 'What is Enlightenment?'" 55−56。

的想法完全分离开来。康德把服从法律的道德要求称为"绝对的"①——[42]倘若有人相信"哲学上的无政府主义对一个经过启蒙的人来说[就是]唯一合理的政治信仰",②或者相信公民在托付给国会、议会或法院的事情上可以遵循自己的良知,那么他几乎不可能使用"绝对的"这样的语言。

有人可能会对这个观点弃之不理,认为它只是康德在 18 世纪 90 年代在年老体衰的情况下得出的结论。康德的政治哲学由一些比较短小的论文构成,它们确实是在他开始衰老的那几年撰写的,正如汉娜·阿伦特所说,"他的精神能力的衰退——这最终导致了老年痴呆症——是不争的事实。"③按照这种解释,康德的威权主义只是他年老失常的产物,与其批判哲学所展示的辉煌成就毫无关系,因此对这个观点可以不予考虑。然而,对康德的政治哲学采取这种解释是一种错误做法,除非我们已经确信那个观点没有什么实质性内容,没有什么东西可以用来支持它,而在康德用来捍卫它的论证中,也没有什么东西对于我们研究法理学具有价值。

三

有一段很著名的文本,尽管是以一种极其简要、格外模糊的方式写成的,但在我看来总结了康德对实在法之重要性的论述。这段话在康德政治哲学中无疑具有很高的重要性,甚至可能是最重要的一段话。有一个推理构成这段话的基础,而在本章中,我的目的就是要探究(或者更精确地说,重构)这个推理。这段话是这样说的:

---

① Kant, "On the Common Saying", 81.

② Wolff, *In Defense of Anarchism*, 19.

③ Arendt, *Lectures on Kant's Political Philosophy*, 9.

　　经验教会我们这一准则：人类是按照一种暴力的、有恶意的方式来行动的，他们往往自相争斗，直到有一个外在的、强制性的立法随之而发生。但是，公共的法律强迫既不是因为经验而变得必要，也不是因为任何类型的事实知识而变得必要。相反，即使我们乐意把人设想为善良的和遵纪守法的，我们对于一个不受法律支配的国家先验地持有的理性观念也仍然会告诉我们，在一个公共的、受法律支配的国家确立起来之前，个别的人、人民和国家绝对无法防范相互间的暴力行为，因为每个人都将有自己的权利做自己认为是正当的和对自己有利的事情，而不管其他人有什么意见。因此，如果个人不希望废除一切权利概念，那么他有义务做出的第一项决定就是采纳这个原则：人们必须放弃每个人在其中都只遵循自己欲望的自然状态，与（他不可避免地与之有所交往的）任何其他人结为一体，以便服从外在的、共同的、法定的强迫。因此他必须进入一个状态，在这个状态中，公认属于每一个人的东西都是由法律分派给他的，是由一个外在权力向他保证了的（那个权力不是他自己的权力，而是外在于他的权力）。换言之，他应该不惜一切代价进入一个公民社会的状态。①

　　这段话在康德那里的重要性总是与其模糊性不相上下。我希望我能阐明这段话，在以下讨论中我会多次提到它。

　　这段话不论在语调上，还是在它暗示的论证的形态或结构上，都带有显著的霍布斯风格；我将从探究其中某些结构上的相似性入手。不过，首先有一个犹豫。假若我们把霍布斯视为康德的先驱（正如我想做的那样），我们就面临一个有趣的挑战：康德

①　这段引文来自 Kant, *Political Writings*，第 137 页。玛丽·格雷戈尔对这段话的翻译略有不同，参见 Kant, *The Metaphysics of Morals*，89—90；312。

政治哲学中有一篇主要论文,即《论俗谚:理论上可能正确,但实际上行不通》,该论文第二部分的子标题就是"反对霍布斯"。①不过,这个子标题所暗示的分歧事实上相对较小。康德相信,一位统治者对其臣民负有可以按照一个(假设)契约来表述的各种义务。② 霍布斯不相信这一点,因为他拒绝了"主权者是社会契约的一方"这一思想。然而,康德同意霍布斯:臣民不可以实施反对统治者的契约条款。康德也强调说,[44]在臣民对"写作自由"的行使中,他必须能够明确地表达自己反对统治者的权利;他相信霍布斯对这一点持反对意见。③ 正如我所说,我们正在研究的这段话体现了一种霍布斯式的精神,而与这种精神相比,分歧很小。

《纯粹理性批判》中有一个评论(在以"纯粹理性在其辩论性运用方面的训练"为标题的这一节即将结束的那个部分,大约在A752附近),写于《理论与实践》11 年前以及我刚才引用的那段话16 年前,在那里康德很偶然地接受了如下观点:法哲学的逻辑就是霍布斯式的逻辑。康德写道:"正如霍布斯所认为的那样,自然状态是一种充满不义和暴力的状态,除了放弃这个状态、让我们自己服从法律约束外,我们别无选择。"④他以此为类比来说明批判何以能够以一种有权威的方式终止"教条式的理性无休无止的争论";⑤但是,从我们的目的来看,引人注目的是,这个类比的逻辑是如此接近(如此明确地接近)我们正在考虑的那种特定的霍布斯式的逻辑。

---

① Kant, "On the Common Saying", 73.

② Ibid, 84.

③ Ibid, 85.

④ Kant, *Critique of Pure Reason*, 601. 感谢理查德·塔克(Richard Tuck)向我指出这句话。

⑤ Kant, *Critique of Pure Reason*, 601.

　　就像霍布斯一样,康德持有"一个自然状态"假说:在自然状态中,人们在没有政府或没有立法的情况下生活。就像霍布斯一样,康德的自然状态并非主要作为一个历史假说而令我们感兴趣。自然状态,就像康德所说,仅仅是"理性的一个观念"①——在我前面引用的那段话中,自然状态是"我们对于一个不受法律支配的国家先验地持有的理性观念"。但是这个观念是一个具有"无可置疑的现实存在"的观念,因为它表达了我们对如下问题的一种理解:通过生活在政府下我们会获得什么,而假若我们打算放弃维护和效忠某个政治秩序的任务,支持每个人按照自己的良知和信念来行动的做法,我们又会失去什么。②

　　我们知道,霍布斯相信,若没有政府,生存的迫切需要必定会使我们陷入人人相互为敌的战争状态。③ 这种冲突不会因为人们高举"善恶"的旗帜就能得到缓解,[45]也不会因为人们只是在他们认为重要的价值受到威胁时才去斗争就能得到缓解。霍布斯相信,如果人们根据自己对善恶的判断来行动,那么他们的状态并非不同于人人彼此为敌的战争状态,反而就是那种状态的一部分。我们焦虑不安地为了自己的幸存而战斗,而我们倾向于做出的价值判断就反映了我们的生存的苛刻条件。

　　在人人彼此为敌的战争中唯一未被涉及的道德判断就是对自然法的判断,这种判断告诫我们要尽可能寻求和平。④ 当然,按照霍布斯的观点,建立和平的本质条件就在于让个人对善与恶、正义和不义的判断屈从于一个至高无上的立法者的命令。为此,主权

---

① Kant, "On the Common Saying", 79.
② 参见 Hobbes, *Leviathan*, Ch. 18, 128-129:"人类的事情绝不可能一点毛病都没有;……而任何形式的政府有可能对全体人民产生的最大不利,与伴随着内战而来的苦难和灾难相比,或者与那种无人统治、法律得不到服从的紊乱状况相比,简直算不了什么……"
③ Hobbes, *Leviathan*, Ch. 13, 89.
④ Hobbes, *Leviathan*, Ch. 14, 第 92 页及以下。

者就需要确立和保证一套权利、一个正义体制;因此,主权者就需要有"制定规章的全部权力,通过这些规章,每个人就可以知道哪些财物是他能够享有的,哪些行为是他能够做的,而不受任何其他臣民的骚乱。"①如果每个公民都强调自己的道德思考胜过主权者制定的法律,那么这种政治权力就变得不可能了。"每一个私有的人都是善行和恶行的判官",霍布斯说,这是一个"煽动性学说",②因为这个观点恰好意味着任何人都可以对采取不同观点的其他人宣战。如果两个人或多个人行使了私人判断的权利,那么他们肯定就像是在自然状态中那样来行使这项权利——也就是说,互相争执,结果就重新引入两败俱伤、不可解决的冲突。实际上,各自行使自己的私人判断不仅会让战争变得更为可能,而且,按照霍布斯对该问题的论述,那就是战争本身(请记住,霍布斯说,"战争本质上并不在于实际战斗,而在于在和平得不到保障的情况下众所周知的战斗倾向")。③

对公共关注的问题做出私人判断无异于发动战争,[46]因为个人判断很可能是:第一,相互对立的;第二,被严肃地认为有加以反击的必要。对霍布斯来说,同样的东西说明了这两点:对权利、财产和正义所做的私人判断关系到个人生存的迫切需要,而在这方面,人类的生活状况本来就有激发死亡焦虑、缺乏自信和相互竞争的特点。④ 这个说明对康德来说并不成立,因为在康德看待事物的框架中,道德判断不是由物质利益或生存的迫切需

---

① 　Hobbes, *Leviathan*, Ch. 18, 125.

② 　Ibid, 29, 223.

③ 　Ibid, 13, 88–89.

④ 　参见 Hobbes, *Leviathan*, Ch. 11, 69–70以及 Ch. 13, 87–88。也见霍布斯的如下说法:"人们渴望互相伤害,他们之所以这样做,通常是因为很多人同时都想占有同一个东西,而且,他们既不想共同拥有那个东西,又不想瓜分它;结果,最强者就必定占有那个东西,而谁是最强者必定是由武力来决定的"(Hobbes, *De Cive*, Ch. 1, vi, 46)。

要来推动的。不过,在我们正在研究的那段话中,康德大概就像霍布斯那样把自然状态看作一种暴力状况。那么,什么东西说明了这一点呢?

我们不可能只是说,答案就在于"人性"或甚至"非社会的社会性"(unsocial sociality)。① 康德煞费苦心地强调说,他对自然状态(因此对支持实在法的情况)所做的严峻描述幸免于我们对人类动机可能做出的任何现实主义假定:记住他在我们引用的那段话中所使用的短语,"即使我们乐意把人设想为善良的和遵纪守法的……。"②他必须采纳这个策略,否则,面对一位确信自己的善良意志或正直公正的人,他就无法向后者表明,用个人对于权利或正义的判断来对抗共同体的实在法仍然是错误的。就算我们是天使,我们也是固执己见的天使,对权利和正义持有我们准备为之而战的冲突观点。

于是,在缺乏一个霍布斯式的说明的情况下,对于我们早先提到的那两个问题,我们就不得不寻求一个不同的、完全是康德式的回答:第一,道德分歧的可能性从何而来? 第二,如果我们同意这种分歧的存在,那么我们为何还应该指望康德式的个体(Kantians)③为其竞争意见而战? 我将分开处理这两个问题。

---

① 按照康德自己在《一个普遍历史的观念》这篇文章中的说法,"非社会的社会性"指的是人们"进入社会状态的倾向,连同对那个倾向的永久抵抗,而后者就在不断地威胁着要瓦解那个倾向"。康德的意思是说,人本来就有群居的倾向,但是,一旦进入了社会,人也本能地渴望让一切事物都顺应自己的心情,因此就倾向于把自己与其他人隔绝开来,这样就产生了一种破坏和瓦解社会的力量。人类大概永远生活在既需要社会同时又在破坏社会的状况。——译者注

② 霍华德·威廉斯(Howard Williams)在其《康德的政治哲学》(*Kant's Political Philosophy*)第 168 页指出,康德在这里与大卫·休谟站在一起。休谟写道:"有关人性善恶的问题一点也没有进入另一个关于社会起源的问题中"(休谟,《人性论》第 492 页)。

③ 在目前的语境中,这个概念指的是康德在论述公民社会确立的根据时所设想的那些人类个体。——译者注

什么东西说明了道德分歧?

[47]人们在权利和正义问题上持有多种多样的意见,对这一点的强调并不是一个通常与康德的道德哲学相联系的见解。康德本来就是一位强调责任的绝对简单性的理论家,在他看来,责任刺穿了对自我利益所进行的那种纠结而复杂的计算。后面这个主张尽管很微弱,但仍然是一个清晰的声音。① 然而,在康德的政治哲学中,就确定性和多样性问题而论,在形式概念和实质性的应用之间有一个重要区分。

在康德的论述中,正义和权利的主要题材就是财产——对外在的物质资源的拥有和使用。霍布斯认为,"本质上说,任何人都应该把不属于自己的东西称为另一个人的。"②在有关财产的问题上,康德遵循了霍布斯的观点,把财产问题当作一条引绳,用它来拆穿政治哲学的秘密。康德相信,财产的概念,以及与之相关的经验占有(empirical possession)和知性占有(intelligible possession)的概念,应该是可以从哲学上来说明的,并在《权利学说》前 17 段话中详细说明了这些概念(《道德形而上学》,37-56;245-270)。在这里我们无需关心康德提出的说明的细节,只需指出这一点就足够了:尽管他的论述很啰嗦,但他并没有暗示这些复杂性就是我们正在试图说明的分歧的根源。他反而认为,至少就"财产法的形

---

① 康德说:"完全纯粹的责任的概念,与来自幸福、与幸福相结合或者受到幸福影响的任何动机相比,对任何人来说都无比地更加简单、清晰、自然和更容易理解。……责任的概念,如果被提交给哪怕最寻常的人类理性的独有判断,如果独立地并用一种与其他动机相对立的方式来面对人的意志,就比从后者的自私的原则中得出的一切动机要有力得多、深刻得多、更有可能取得成功"(Kant, "On the Common Saying", 70)。

② 参见霍布斯在"献辞"中对"理性的线索"的讨论:"我首先要探究的是正义的一个起点,即任何人都应该把不属于自己的任何东西称为另一个人的"(Hobbes, *De Cive*, 26-27)。

式而论",它们就是人们在自然状态中实际上享有的东西(37-56：245-70)。但是,在自然状态中,在"就人的所有权的实质而论,财产权的形式究竟是什么"这一问题上,人们并没有达成一致。我们的财产概念具有这样一个特点:它对于世界的实际应用是困难的、有争议的、有偏见的。如果自然状态中竟然会有财产或者与它相似的东西,那么财产就不得不立足于某个原则,例如先占原则(First Occupancy)(47：259)。[1] 但是,按照康德的解释,占有意味着"控制"(51：263),因此,占有的标准几乎总是不确定的:我们如何把占有行为与被控制的土地的某个精确范围联系起来?[2] 此外,"当我控制了一块土地时,我最终拥有多少"这个问题在某种程度上肯定与我对如下问题的认识有关:我的行动对其他人的状况会产生什么影响? 但是,可能很不清楚究竟有多少其他人,或者如下问题也可以是有争议的:在决定我在此时此地所拥有的东西时,我应该加以考虑的其他人究竟有多少。[3]

不用说,在"谁实际上是(或曾是)一块土地的先占者"这个问题上,人们可能会发生争执。而按照康德对"占有究竟在于什么"的论述,这种可能性几乎不可避免。康德认为,当我们说"某

---

[1] 康德拒斥了洛克的这一观点:(在土地的情形中)所需要的是一种特殊的占有方式——劳动,即种植。他也拒斥与那个观点相联系的那种种植园思想观念(也就是说,欧洲种植者有资格霸占猎人或者游牧民的财物)(53：266)。也可参见康德对征用非洲和美洲原住民的做法所提出的直接和猛烈的谴责(121-122：353)。

[2] 正如康德所说,"就质量和数量而论,既然能够被获得的那个外在对象是不确定的,(唯一的、原始的外在获得)问题就成为最难解决的"(53：226)。

[3] 这个问题关系到"洛克的限制性条款"的应用,按照该条款,只有在把"足够多同样好的东西"留给其他人时,一个人占有的东西才能得到辩护(或者,按照该条款的弱的形式,只有当其他人的状况总体上没有被恶化时,一个人占有的东西才能得到辩护)。参见洛克《政府论·下篇》第 27 段以及 Nozick, *Anarchy, State and Utopia*, 175-182。值得注意的是,洛克的限制性条款的逻辑不会因为康德和洛克在财产获得的方式上持有不同的观点而受到影响;这个条款适用于一切单边获得理论。参见 Waldron, *The Right to Private Property*, 280-283。

人 P 占有 X"时,我们不仅仅是在说"P 将 X 置于其物理控制
下",我们也是在说,P 是以这样一种方式将 X 置于其物理控制
下,以至于甚至当 X 实际上不在其物理控制下时,如果另一个人
随后使用了 X 或者暗中侵占了 X,那么那人就违背了 P 对 X 的
权利。① 但是,在自然状态中,如果我占有一块土地,然后又离开
了,那么,当其他人来到那块土地上时,他们怎么知道那块土地
是否已被占有,或者,他们是否有资格作为先占者去处置那块土
地? 在一个与康德的理论相似的理论中,这个问题显得很尖锐,
因为这样一个理论并不强调劳动、种植或者占有者的任何其他标
志(55:268)。②

　　这些在应用方面的困难不是理性能够提供任何指南的,也不
是通过任意的规定(就像应在哪边驾驶的规则)就能解决的。(在
这里我偏离了我的朋友、哥伦比亚大学的涛慕思•博格[Thomas
Pogge]对康德的正义理论提出的一个优秀论述。)③确实,对于正
在争夺一块土地控制权的两个人来说,其中的一位事实上曾经是
先占者;确实,对于某人是否已经占据了比他应得的份额更多的份

---

① "只有当我可以做出如下假定的时候,某个外在的东西才会是我的,即:即使我不占
　有某个东西,另一个人对它的使用也是在做一件对我不公的事情"(37:245)。
② 亦可参见康德对先占原则与不利拥有原则之间的张力的"评注":"这个问题是,即
　使某个人竟然站出来宣称他就是那个东西的更早的、真正的拥有者,但是,在绝对
　无法确信他作为拥有者是否存在的情况下,我是不是也可以断言我就是那个东西
　的拥有者……"(131:364)。
③ Pogge, "Kant's Theory of Justice", 44:"就潜在的冲突而论,还有一些残留的不确定
　性,甚至那个实质性的原则也不关心这种不确定性(协调问题)。例如,你可以信奉
　一个要求人们在马路左边驾驶的方案,而我则赞成一个同样可以接受的、规定人们
　在马路右边驾驶的方案。最后这种不确定性,既然不可以先验地加以解决,就要求
　一个中央立法过程,用实在法的约束来补足自然法的约束。……实在法可以按照
　经验根据(例如便利)、用一种在某种程度上仍然有点任意的方式、从满足纯粹实践
　理性的那些约束系统中选出某个系统,并因此来消除那种不完备性。"有一些冲突
　与这种冲突很相似,在这点上博格确实是正确的。但是,在我看来,康德也想强调
　说,尽管某些问题原则上可以有一个正确答案,但甚至在那些问题上,人们的分歧
　也是不可消除的。

额,[49]这个问题在洛克的限制性条款下是有一个正确答案的。而且,只要双方都相信自己的答案是正确的,他们很可能就会采取激烈的方式去捍卫自己对问题的看法;每一方都会说"把事情弄清楚确实很重要"。相比较,大概没有人会去过分计较究竟应该在马路哪边驾驶。因此,应用财产规则的麻烦,并不在于原则上没有正确答案,而是在于双方没有共同的基础来决定哪个答案是正确的。①

当然,我们大概也想提到分歧的其他根源,回到康德所说的"正义原则的形式本身",而不只是那些原则的经验应用。就财产获得的劳动理论而言,康德不同意洛克的观点;而且,在占有一开始是否可取这个问题上,他们两人也都不同意卢梭的观点。在我们的时代,每一位政治哲学家都有自己的正义理论,我们可能还很高兴没有两个理论是同样的。不过,我发现有一件事很难办,那就是,在同行对政治、法律和宪法所提出的哲学理论的内部,说服他们去再现(或者至少承认)他们作为政治哲学家事实上所从事的那些关于正义和权利的争论不仅确实存在,而且也很重要。② 我猜测人们有这样一种忧虑:过分沉溺于道德分歧的重要性无异于承

---

① 我对不确定性的各种根源给出的这一说明,在康德那里并没有与他的如下思想明确地相联系:人们之所以容易发生冲突,是因为每个人都不停地做自己认为是正确的或者对自己有利的事情。但是康德的思想是一个貌似合理的解释。在关于财产的思想传统中,众所周知,先占恰好陷入了这些困难,而且,在自然状态中,没有办法避免这些困难在"谁有权得到什么"的问题产生冲突。

　　我进一步发现,克斯汀在一篇文章中勾画了一条类似的论证路线:"现代政治哲学众口一词宣称要'将自然状态驱逐出去'(*exeundum-e-statu-naturali*),康德的哲学之所以加入合唱团,原因就在于关于占有权和使用权的理性原则是不确定的……康德……肯定会支持用实在法来具体化和分辨理性权利的含义,因为在自然条件下,混乱相对于权利的概念而论占据支配地位——人人都试图用平等的权利来填补他们自己所理解的关于财产的自然法的空白。结果,在关于财产的同样都有道理但互不相容的意见上,就产生了一场争夺解释的独断权的战争……"(Kersting, "Politics, Freedom, and Order", 352)。

② 参见 Waldron, *Law and Disagreement*,第一章、第八章以及第十章。

认在正义和权利的领域中没有正确答案。近来，在元伦理学中，有些理论家，例如约翰·麦凯（John Mackie），有时把意见的多样性作为主观主义的一个根据来加以引用。① 这种推理当然是个谬误——在天文学上人们持有各种各样的看法，但是这种多样性并未削弱这一可能性：在暗物质等问题上是有客观上正确的答案的；同样，即使人们在正义问题上持有各种各样的观点，这种多样性也不应该削弱我们的观点，即在这个领域中也有正确答案。② 当然，这种多样性可以削弱、[50]而且实际上应该削弱的是我们这样的一种自信：我们可以用任何在政治上具有决定性的方式（从我们所提出的一切观点中）将正确答案辨别出来。

为什么分歧会导致暴力？

我们的第二个问题是：为什么在康德式的个体之间发生的分歧（不管是关于原则，还是关于原则的应用）会在自然状态中导致暴力行为？ 请记住，我们是在假设每一方原则上都在真诚地行动，而且，每一方也都知道其他各方在真诚地行动。在这个假定下，他们为何仍然会发生争执？

首先需要记住的是，可能会引起争议的问题，例如财产权的范围问题，就是人们最关心的问题。即使我们在自然状态中对于对错的看法不只是（就像霍布斯所认为的那样）我们的生存冲动的反映，它们依然与我们的生存条件相联系。如果一个人相信自己有

---

① "只要在一阶的道德判断之间出现了极端的差别，也就很难把那些判断处理为对客观真理的把握"（Mackie, *Ethics: Inventing Right and Wrong*, 36）。

② 参见 Moore, "Moral Reality", 1089—1090. 摩尔认为，从多样性到主观主义的论证把客观性与主体间的一致（inter-subjective agreement）混淆起来。但是，如果从多样性到主观主义的推理是有谬误的，那么从"康德是一位关于正义的客观主义者"这个事实到如下命题的推理也是有谬误的：因此，康德本来就不可能相信存在着意见上的多样性，或者，就政治哲学和法哲学而论，不可能从这种多样性中得出任何有意义的东西。

资格利用某个资源,那么他不仅是在道德哲学中持有一个观点,而且也是在持有一个道德观点,因为这个观点关系到他的生命必须得到维护的基础。

换句话说,我们不可能只是在能够对正义问题上达成一致的情况下才来处理外在资源的占有和利用问题。洛克有一句格言:"假若需要这样一种同意,人就已经饿死了,不管上帝已经向人提供了多么丰富的东西。"①康德自己有这句格言的另一个说法。康德假设有用的东西必须能够加以利用(41:246);人们至少必须能够临时占有外在资源,即使不存在一个国家来批准这种占有。但是,在制约占有的原则上人们可以发生分歧(或者肯定会在这些原则的应用上发生分歧),[51]因此我们就可以料想,在很多情况下,一个人发现自己应得的东西,也是另一个人宣称有资格得到的东西。物质资源的匮乏首先让这种临时占有变得必然,面对这种状况,人们很可能不愿意温和地收回或缓和他们的竞争主张。

理由在于(这就是我要提到的第二点):对物质资源的占有可以发生冲突,而与这种冲突相伴随的正义主张不仅在物质资源的意义上很紧迫,在道德的意义上可能也很紧迫——也就是说,它们在自己的道德语气上很激烈,甚至自以为然。如果人们(就像罗尔斯那样)相信正义是社会安排的"首要美德",因此比和平、繁荣或安全都要重要得多,②或者,如果人们(就像康德自己那样,在本章一开始我指出的那个评论中)相信"要是没有正义,地球上人的生活就变得毫无价值"(105:332),那么,当他们与他们眼中维护不义的人发生对抗或者甚至将对方杀死时,他们就不可能对这种行为有多少悔恨。对康德来说,只要一个人强调自己看待对错的方式

---

① Locke, *Two Treatises*, 288(《政府论·下篇》,第 28 段)。
② Rawls, *A Theory of Justice*, 3.

是正确的和重要的,他就处于道德狂热之中。康德把这种道德狂
热看作人的"非社会的社会性"的一个普遍特征。在试图从道德上
来看待事物的时候,甚至另一个人的存在本身就可以成为对一个
特定个体的长期冒犯,因为就像康德所说的那样,后者"在他自己
那里碰到了这样一个非社会的特征——总想按照自己的思想来引
导一切。"①

第三点直接提出了强制性力量在这些事情中所发挥的作用。
在霍布斯式的个体的生存斗争中,暴力是可以理解的;但是,假若
竞争的康德式个体用强制性力量来辩护自己所信奉的原则,这种
做法看起来就很不得体了。然而,需要记住我们所讨论的主题。
我们不是在谈论为了个人伦理或甚至为了绝对命令而彼此斗争或
互相残杀的人们。[52]权利和正义的争论在道德上要处理的是这
样的事情:它们已经关系到一个人的外在行动对其他人的外在自
由产生影响的程度。这些康德式个体在激烈争执的就是各种强制
性力量的相互影响——说得粗鲁一点,在身体发生冲撞时谁应该
让位。或者用另一种方式来说,在康德看来,持有一个关于正义或
权利的观点就是持有一个关于如下问题的观点:哪些强制性行为
是可以刻意地用强制性力量来回应的,哪些不可以。当强迫被用
来抵抗一个对别人的外在自由错误地进行妨碍或干扰的行动时,
它就得到了辩护(作为一种"否定之否定")。② 在"哪些行动错误
地妨碍了自由、哪些没有"这个问题上,如果人们发生了争执,那
么,按照康德的观点,他们已经是在"哪些场合可以使用强制性力

---

① Kant, "Idea for Universal History", 44.

② "如果对自由的某种使用从普遍法则的观点来看本身就是对自由的一种妨碍(因
此是错的),那么与此相对立的强迫(作为一种对自由之障碍的妨碍)就符合从普
遍法则的观点来看的自由,也就是说,是正确的。因此,假若某人侵犯了他人的
自由,那么,按照矛盾原则,授权对他进行强制的做法就与正义发生了联系"(25:
231)。

量"这一问题上发生分歧。①

四

于是就产生了第三个问题：当人们为其关于权利和正义的观点而争斗时，这件事为什么如此糟糕？为什么发自内心的冲突会成为一种灾难？有人会说，一旦每个人都按照自己对正义的判断去行动并为自己的判断而斗争，他们就处于一种令人不快的状况，一种我们并不喜欢的生活状态。但是，从康德的观点来看，这样说是不够的，因为这种说法不是一个康德式的论证的适当基础。不过，我相信我们可以从《道德形而上学》中为这个问题找到一个适当的回答。坦率地说，这个回答不过是立足于康德自己提出的一些暗示；因此，以下所说很大程度上是对康德理论的一个发展和重构，而不只是一个解释。

有一条论证路线在我看来最为重要，其起点就是如下认识：在自然状态中，财产占有具有一种单方面的特征，[53]这种特征与它旨在产生的义务的普遍性不相匹配：

> 当我（在口头上或通过行为）宣称我希望某个外在的东西成为我的东西时，我因此就宣称任何其他人都有义务不要使

---

① 这三点都以不同的方式详细阐述了康德的这一假定：自然状态所面临的问题以及进入公民社会的必要性，对于"必然要与其他人一起生活"的所有人来说都是适用的。对康德来说，与其他人接近是一个"正义的环境"（罗尔斯的术语，参见 Rawls, *A Theory of Justice*, 126–130）。如果人类广泛地分布在地球表面上，互相之间几乎没有往来，那么就不会有对权利或法律的呼唤，因为在这种情况下不会有我们的外在行动的相互侵犯，而且，在对同一个资源的使用上也可能没有竞争。正如康德所说，"如果[地球]表面是一个无限的平面，人们就可以这样分布在那个表面上，以至于他们不会彼此进入任何社会，而社会也就不会成为他们在地球上的存在的一个必然结果"（50；262）。

用我所选择的那个对象,而要是我的这一行为尚未确立这样
一个权利,就没有任何人会有一个相应的义务。(44:255)

人们可以通过单方面的行动(例如,通过许诺)为自己创造义
务,对此我们都很熟悉。但是,财产的获得涉及一个人为其他人创
造义务——完全是为了占有者自己的利益而创造出来的义务。通
过自己的行动,占有者打算面对整个世界来获得的不是责任而是
权利,这样,成千上万的其他人(他从未交谈过、碰见过、听说过的
那些人)突然之间就发现,他们有了此前并不具有的义务、必须为
那个人的利益而劳作。①

康德认为,这种将将责任施加于他人的做法,若完全是单方面
意志的产物,就不可能有任何有效性:"因为一个单方面的意志不
可能把其他人置于他们要不然就不会具有的某个义务下"(52:
264)。那么,严格地说,为什么不可能呢? 康德的理由必定关系到
权利的一般系统性。在康德看来,一个人所具有的任何义务必须
作为一个互相尊重的体系的一部分而出现,而不仅仅是其要求的
人为产物。从这个观点来看,一个既是偶然的又是单方面施加的
假定义务就是成问题的或者说是任意的:它不像是一种与一个康
德式的法权系统相符的东西。一般来说,在自然状态中人们有资
格假设,只是为了在一个普遍法则下让每个人的自由都与任何其
他人的自由相和谐,他们的外在自由才会受到限制(24:231);不清
楚一个单方面施加的义务如何符合这个图景。[54]换句话说,所
需要的是"一个全面的意志"(51:263)而不是一个单方面的意志;
康德似乎暗示这样一个意志在自然状态中是得不到的。只有通过

---

① 而且,他们以这种方式获得的义务是潜在地负有法律责任的义务,在资源不足的条
件下,这些义务会影响他们可以用来维护自己生活的物质资源。(对这一点的进一
步讨论,参见 Waldron, *Right to Private Property*, 266−271。)

国家的立法意志，这个全面的意志才能得到保证。

有人会打断说，没那么快。如果一个康德式个体的意愿活动实际上是由"可普遍化"的思想训练出来的，那么其意志难道不可能成为"全面的"意志吗？[①]（而且，按照康德的观点，难道这种意愿活动不就在于从道德的观点来判断事物？）按照这个批评，这样说是错误的：在自然状态中按照自己的判断去行动的个体就等于这样的单方面意志——这些意志支配着应当由一个共同的意志来支配的东西。毋宁说，在自然状态中按照自己的道德判断去行动已经涉及到普遍化了，因此就超越了那种单方面的观点。即将成为占有者的那个人，为了检验自己的占有原则，就必须去追问：是不是每一个人都会按照这样一个原则去行动，也就是说，是不是也能够意愿自己的准则应该成为一个道德法则。[②]如果答案是肯定的，那么，按照这个批评，他就有资格在道德上继续前行，不管他的占有是否得到了某个现存的立法机构的批准。

一个相关的个人思维模型见《判断力批判》，而阿伦特曾经认为这部著作才是康德政治哲学的真正焦点。[③]在这部著作中，康德提到了一种进行判断的方式，它"在我们的思想中……考虑到了任何其他人提出[某件事情的]方式，就好像这样做是为了将我们自己的判断与人类理性本身进行比较，因而避免了易于将主观的

---

① 在我看来，在讨论先占的时候，康德在某个阶段并没有很认真地考虑这个可能性。他把财产的原始获得鉴定为单方面的获得，接下来却说："然而，如果一个东西是最初就获得的，那么它因此就不是原始的。这是因为：一种公共的公正条件是在所有人为了制定普遍法则而将其意志联合起来的时候获得的，这种获得是任何人都不能抢先的，但仍然是来自每个人的特定意志，因此就是全面的，而原始获得只能来自一个单方面的意志。"(48：259)就我理解了这段话（对此我有点犹豫）而论，我认为康德是在暗示说，如果一个意志知道自己实际上就是最先占有者（相对于某个既定的资源来说），那么它实际上是在作为意志本身、而不是作为一个特定个体的意志进行干预。

② Kant, *Grounding for the Metaphysics of Morals*, 15.

③ Arendt, *Lectures on Kant's Political Philosophy*.

和私有的条件错误地当作客观条件而导致的幻觉。"①尽管人们倾向于认为自己在道德上有资格占有某片土地，不过一个人还是应该停下来问问，"既然其他人具有不同的利益，[55]处于不同的状况，他们会如何看待我对[那片土地]的占有?"他会努力形成一个公正判断，这样一个判断可以（举个例说）从任何人的观点得到维护，而不只是从做出它的那个人的利益和机会的观点得到维护。

那么（让我们仍然坚持那个批评），这两种个人判断模型为什么都不足以克服自然状态中单方面地施加责任所导致的问题呢？毫无疑问，康德相信，当个人在自然状态中占有事物时，就需要一种与这种思想方式相似的东西。甚至某个人的临时占有也必须在"符合一个公民状态的观念"的情况下来落实（52:264）；换句话说，这种占有必须由一个财产权系统（它可以一致地充当一个民法系统）的观念来引导。然而，尽管这种构思是必要的，但对于康德来说它看来并不充分。为什么不充分呢？

答案不可能是：设身处地为其他人着想这样一种思想实验，不同于经过政治训练学会真正地倾听其他人实际上不得不提出的说法；当然，二者确实有差别。② 不像我们在本书中正在考虑的其他人，康德并未按照一种强有力的参与来设想政治，因此，如果个人对权利的判断受到了一个公民立法机构的集中判决的压制，那么这种压制很可能就会涉及一种真正的"多边主义"的衰落。康德并不认为实在法实际上会考虑每一个人的状况或观点。实在法的优点在于其统一性和完整性，而不在于它在内容上把所有个别成员的观点和关切都必然地反映出来。

----

① Kant, *Critique of Judgment*, 136（第 40 段）。

② 比较密尔对两件事情之差别的讨论：一件事情是，听某人"介绍出来"的其他人的异议，而那个人自己很快就要反驳那些异议；另一件事情是，从某些人那里听到其他人的异议，而那些人"不仅确实相信那些异议，而且还不遗余力、尽其所能地捍卫它们"（Mill, *On Liberty*, 45）。

　　为了回答这个问题，我们不得不回到那个关于分歧的难以处理的要点。[56]我们一直在讨论两种个人的"多边"思维方式，不管我们希望对这两种方式说点什么令人喜欢的东西，我们都不可能说它们会让不同个体倾向于得到同样的结论。就个人的道德推理而言，有一些无法消除的事实：我的普遍化很可能不同于你的普遍化；即便我们都试图采纳每一个人的观点，我由此得到的结论也可能不同于你由此得到的结论；我在一个公民状态观念的引导下得出的结论将不同于你在这个观念的引导下得出的结论。只要个体提出了不同的判断，我们就仍然处于这样一种状况：在其中，不同的派系事实上（如果说不是精神上）正在单方面地使用强制性力量来支持有关正义实际上要求什么的不同观点。

　　这样我们就回到了我在本章一开始概述的那个论证。用强制性力量来保障权利和正义并不是一种不适当的做法。但是，以正义之名来使用强制性力量的目的，是要保证所有人都具有他们有权具有的东西。如果强制性力量是被不同的人用来维护互相冲突的目的，那么它与这种保证的联系就破裂了。它现在充其量只是被用来捍卫每个人坚持自己对正义的看法的那种热望，对于保证法权状况毫无贡献。在这里，要紧的是权力与意义上的单一性的联系。一种有所保证的状况就是这样一种状况：在其中，我可以确信我自己（在财产方面）的自愿约束与其他人的彼此约束相匹配，而且，若有必要的话，其他人的彼此约束也可以用强制性力量来加以保证。但是，如果我意识到共同体中有几个随心所欲的正义观念，每一个都有自己自以为是的自卫队来维护，那么，对于可普遍化、彼此约束或者相互尊重，我可能具有的认识就仍然只是停留在理论上。鉴于强迫和强制执行具有一种横向切断的模式，[57]对正义和权利的任何一种认识都不会与一种相互得到保障的基础的思想可靠地发生联系，但是，唯有在这个基础上，人们才有可能在世界上共存。①

　　康德的论证的要旨被总结在"不要再有战争"这句宣言中——康德把它称为"道德实践理性的不可抗拒的提议":"战争不是任何人应该用来追求权利的方式"(123:354)。不过,不要把康德的说法理解为:强制性力量在维护权利方面是不适当的;我们已经几次看到康德否认这一点,②现代政治哲学在这方面也遵循他。康德强调说,要排除的是以正义的名义来部署的一场战争,或者说强制性力量的冲突。因为当强制性力量用这种方式呈现出来时,它就不再是在把自己呈现为一种实际上可靠地自我取消的东西——否定之否定,"对自由之障碍的一种妨碍",而按照康德希望提出的那种理解,后者当然就是强迫能够对正义做出贡献的方式。

五

　　当你无法避免与其他人一道并肩生活时,康德说,"你就应该……着手[与其他人]进入一种公正的状况"(86:307),也就是说,进入由立法来管理的公民社会。假若你拖住自己后腿,其他人就获准(甚至被要求)强迫你进入公民社会。鉴于此,社会契约的观念在康德的政治理论中就有了一种古怪的感觉。③ 社会契约是一项契约,因此是自愿的;但是,在大多数人发现自己所处的情境

---

① 一个人至多处于霍布斯所说的那种在内心深处来维护正义感的状态(Hobbes, *Leviathan*, Ch. 15, 110)。但是,在康德的思想框架中,这将是一种滑稽的模仿,因为正如我们已经指出的,正义和权利的全部要旨就在于调节我们行为的外在特征,而不是调节我们的态度。因此康德坚持认为,"只要我不用我的外在行动去妨碍其他人的自由,那么任何人都可以是自由的,即使我对别人的自由无动于衷,或者只是在内心里想着去妨碍别人的自由"(24:231)。

② 实际上,康德把《道德形而上学》中比较靠前的一节称为"正义与授权使用强迫相联系"(25:231)。

③ Kant, "On the Common Saying", 73.

中,进入社会契约是强制性的——是我们必须做、而且可以被迫去做的一件事情。

有人可能会说,既然康德认为自然状态和社会契约都纯属虚构,①那么"从自然状态到公民社会的转变是自愿的还是强制性的"这个问题无论如何都没有实际意义。[58]"强制性契约"这个观念在政治上的主要关联肯定就在于,它告诉各个人,在他们碰巧发现自己所生活的政治组织中,他们究竟处于什么样的道德状况。它告诉他们,在思考自己的忠诚和义务时,他们不应该按照一个选择性的承诺去思考,而是要按照某些理由去思考——正是这些理由使得这样一个承诺在道德上变得必然和必需。② 在这里,康德的见解在结构上又类似于霍布斯的见解,因为霍布斯(在这个问题变得重要的时候)强调说,一个人有什么政治义务,不是取决于他所签署的契约的明确条款,而是首先取决于签署契约的现存理由。③

然而,这种相似性只是结构上的。对霍布斯来说,一个人进入社会契约的理由最终总是个别化的生存理由。因此我的理由不是你的理由(正如我的生存不一定就是你的生存),我的忠诚也许早在任何其他人的忠诚耗尽之前就结束了(例如,如果我正被押上断头台的话)。相比较,对康德来说,这个假说(即一个人可以强迫别

---

① Kant, "On the Common Saying", 79.

② 墨菲论证说,康德对政治义务的探讨无法免除一个对同意的要求:"虽然[自然状态中的人们]应该自己有所承诺,但是,除非他们已经有所承诺,否则他们就没有道德义务去服从制度的命令"(Murphy, "Acceptance of Authority", 276)。但是,这个区分不会幸免于如下康德式的观点:当一个人发现自己与另一个人发生冲突时,他就可以强迫后者进入公民社会;或者,不管怎样,问题肯定不在于我们是如何进入了公民社会的,而在于我们目前对公民社会负有什么义务。

③ 霍布斯指出:"一个人有时候可能具有的义务……并不取决于我们表示服从的言辞,而是取决于意向;这种意向是要按照其目的来理解。因此,当我们的拒绝服从挫败了主权者得以任命的目的时,拒绝的自由权就不复存在了,要不然它就会存在"(Hobbes, *Leviathan*, Ch. 21, 151)。

人跟自己一道进入公民社会)表明,政治义务的根本依据不是用这种霍布斯式的方式被个别化的。个别臣民是否应该忠诚于立法机构,不只是取决于这样做是否有助于促进自己的利益。如果他希望考虑一下进入公民社会的好处,那么,就对他的权利的外在强化和对其他人的权利的外在强化之间的关系而论,他就必须用一种关系性的方式来思考公民社会所保证的利益。在一个单一的权利系统的完整性得到有效保证的条件下,他对公民立法机构的服从,就像对他自己的服从一样,对于其他人的利益来说也是必要的。

康德强调我们对公民社会的服从是强制性的,而在辩护前面(第二节即将结束之际)称为"康德的威权主义"的那个观点时,这个强调特别重要。假若一个人对一个统治者的正当性之道德基础表示怀疑,那么他就表现得好像有件事情很重要,即:一个公民社会的建立是极其讲究地用这种方式而不是那种方式发生的。但是,康德的论证是:要紧的是应该存在着一个公民社会,而且,只要人们对正义的实际应用开始发生分歧和斗争,我们就应该服从那个公民社会。同样,如果有人打算抵制或不服从某项立法,那么在康德看来他就是在冒犯正义的观念。因为,即使不满者被认为是本着良心,而且是根据无可挑剔的道德判断,但他这样做就等于无视我们对权利或正义享有一个观点,而且是以共同体的名义去执行这个观点。如果一个人打算抵制或不服从,那么他实际上是在宣告回到每个人都按照自己对正义的判断去行动的状况更好。根本上说,正是在对这样一个人的回答中,康德发展了他对立法的道德捍卫以及实在法的观念。

六

那么,对于在公民社会中已得到颁布、维护和服从的立法,对其质量有没有什么可说呢?康德的见解确实不可能是,不管实在法是什么,就其功用而论它都是实质上正确的。从最好的方面来说,立法者不过是尝试把事情弄清楚的另一个人或另一群人。在"谁应该拥有什么"这个问题上,任何人的思考都会饱经沧桑,立法者的推理也不例外。立法者以整个共同体的名义做出决定;但是,[60]就像那面旗帜一样重要的是,立法者在做出决定上不免会犯错误。在下面这段略带揶揄的话中,康德承认了这一点:

> 不管一个人如何努力,也很难看到他怎能为公共正义获得一个本身就公正的至高无上的权威,不管他是在一个单一的人那里去寻求这个权威,还是在出于这个目的而选择出来的一群人那里去寻求。……这个最高权威不得不本身就是公正的而且同时又是一个人。因此,这个任务是所有任务中最困难的,而且不可能获得完美的解决。没有什么整齐的东西可以从构成人的那种扭曲的木材中被构造出来。①

有人认为,个人在自然状态中对外在资源的临时占有,可以作为洛克或诺齐克式约束对立法机构后来在财产问题上做出的决议起作用。② 对于这个可能性又该说些什么呢? 事实上,假若一个人与该论证的逻辑保持一致,那么他就不可能用任何一种洛克式的方式来处理康德所说的临时占有。首先,而且最明显的是,在康德那里,根本就不存在自然状态:自然状态只是理性的一个观念。其次,最为要紧的是,甚至自然状态中的占有也是一种临时占有;"临时的"这个术语确实令人头疼。自然状态中的占有被设想为临

---

① Kant, "Idea for a Universal History", 46. 参照伯林一部著作的标题和引言(Berlin, *The Crooked Timber of Humanity*, ix)。

② 关于临时占有与最终占有的对比,参见 Kant, *The Metaphysics of Morals*, 52；264。艾伦·莱恩(Alan Ryan)沿着这些思路暗示了一些东西(Ryan, *Property and Political Theory*, 79—80)。

时的,不仅因为它们仍有待于得到社会认可,而且也因为它们是来
自于个别人对正义所做出的冲突和矛盾的决定。因此,在我们目
前的政治思考中,临时占有的思想就不能发挥出(比如说)诺齐克
希望用某个获取正义(justice-in-acquisition)原则的思想来发挥的
作用。① 换句话说,"自然状态中的财产获取"这个概念乃是与如
下思想一道步入康德式理论的舞台:一个实在法系统需要对正义
采取一种统一的探讨,而不是把个人对占有的冲突直观胡乱收集
起来,[61]因此它必须尽快用这种探讨的名义来更改大多数临时
占有,优待其他的临时占有,并完全废除其中的一些临时占有。临
时占有的思想充其量只是这样一个思想:某个人尽自己的最大努
力单方面地断定他有资格获得的东西。但是,人们需要的是一个
财产权制度,该制度反映了一个单一的共同体对每个人有资格获
得什么的决定。个人财产权的形式观念是一个约束性的观念——
共同体观点在其内容上无需是社群主义的,不过,个人对这些事情
的临时思考的矛盾结果,不可能约束共同体观点的形成。

因此,我们必须将康德放入真正的法律实证主义者所面临的
传统困境,而这个困境也是实实在在的。康德已经展现了实在法
的优点,并指出在放弃实在法的情况下我们肯定会丧失的东西。
他并不否认,从正义和权利的超验视角来看,立法的内容可以被判
断为是有欠缺的。他认识到人们在对现存法律进行道德批评的时
候所采用的思想方式(在现代哲学中,罗尔斯式的思想方式),实际
上帮助我们形成了我们对这些思想方式的理解。但是,在从道德

---

① Nozick, *Anarchy, State and Utopia*, 150—153. (诺奇克主要从个人财产的获取、转
让和矫正这三个方面来阐述其正义理论,获取正义关系到财产获得的第一阶段,即
原始获得。诺奇克自己认为他对原始获得的理解来自于且类似于洛克在《政府论》
提出的观点,但是否如此仍然是有争议的,也就是说,甚至洛克对原始获得的理解
有可能也不是诺奇克提出的那种理解。关于这一点,比如参见本书作者的如下著
作:Jeremy Waldron, *God, Locke, and Equality: Chriistian Foundations in Locke's
Political Thought*, Cambridge: Cambridge, University Press, 2002。——译者注)

哲学过渡到政治哲学时，康德强调我们必须考虑的是，除了我们自己外，世界上还有其他人。他坚持认为，我们不仅应该将其他人视为道德关怀的对象，也应该把他们看作其他的心灵、其他的理智、道德思想的其他践行者，与我们自己的心灵、理智以及道德行为既有合作关系又有竞争关系。在思考正义的时候，我必须认识到其他人也在思考正义，我对自己的结论的客观品质的自信与他们对其结论的客观品质的自信是相当的。法律和政治的环境就是这样的：尽管每个人都对自己得到的结论保持自信，[62]但这种对称并不意味着他们在实质性问题上就会达成一致，两个对手中的每一位都可以相信自己是正确的。不过，假若有理由认为，社会在某个特定问题上只需要一个观点，所有社会成员至少就其外在相互作用而论都必须服从的那个观点，那么必定有一种方式把某个观点鉴定为共同体的观点，必定存在着一个人效忠那个观点的一个根据，它不是建立在一个人不得不对那个观点的正确性所做出的任何判断上。我主张的是康德的实在法学说的基础，而且，正是因为他把注意力转向这种环境、这种必要性，我才把他引证为人类立法之尊严的一位拥护者。

第四章　洛克的(以及罗尔斯的)立法机构

一

[63]《正义论》的作者认为,在一个良序(well-ordered)社会中,立法决定将受制于宪政约束和司法评审,这是一件很明显的事情。①《政府论》(写于大约三百年前)的作者则认为它们显然不会受到这种限制(II:150)。② 我们如何看待这种差别呢?③

我们或许认为,这种差别之所以出现,是因为两位作者对制度具有不同的体验(这也许证明了黑格尔对规范政治哲学的自负所提出的说法是正确的:在对自己的议会制度颇为自豪的17世纪80年代的英国,密涅瓦的猫头鹰是从与它在美国1971年的栖息地不同的地方起飞的,那时美国自由主义的自我形象仍固定在沃

---

① John Rawls, *A Theory of Justice*, 228-229.
② 在正文中引用洛克的《政府论》时,前面那个数字指的是哪一篇论文(我基本上引用《政府论·下篇》),后面那个数字指的是具体段落。
③ 《政治自由主义》的作者两面讨好,他观察到,我们是有一种议会至上的制度(例如一个美国式的权利法案加上司法评审),还是实际上有一部有着防御性的规定、免于修正的宪法(例如德国宪法),这个问题不是政治自由主义的理论本身需要采取一个观点的。参见 Rawls, *Political Liberalism*, 235。

伦法院中①)。然而,在本章中我打算表明,这些文本显示了从事
政治理论的两种不同方式,特别是,对于关于正义、权利和财产的
实质性论证和关于政治制度和政治责任的论证之间的关系,它们
展现了不同的理解。

　　我在本章中要说的大多数东西关系到约翰·洛克而不是约
翰·罗尔斯,因为洛克就是这里出现的挑战或难题。洛克被认为
是自由宪政主义的奠基者、自然权利理论家、有限立法机构的哲学
家,那么,在《政府论·下篇》中,[64]他为什么还是提出了如下论
点:立法机构是至高无上的,千万不要受制于任何其他的政治团
体,因此,千万不要受制于司法评审或者任何其他东西,至少在政
府仍然存在的时候?

二

　　对这种差别的一个说明(一个粗糙而且在我看来没有说服力
的说明)是这样的:洛克可以依靠自然法的存在,因此就不需要发
明用来限制立法机构的任何制度性手段,另一方面,罗尔斯的实质
性的正义和权利理论是建构性的而不是超验的,因此他就没有这
个选择权。

　　不错,洛克确实把自然法提出来作为对立法的一个约束:"自
然法所规定的义务并非在社会中就消失了。……自然法,作为一
条永恒法则,对所有臣民、所有立法者以及其他人都继续有效"

---

①　埃尔·沃伦(Earl Warren,1891-1974),美国法学家和政治家,1943-1953年期间
　　担任加州州长,1953-1969年期间担任美国最高法院第14任首席大法官,在任期
　　间,他在法律上废除了公立学校的种族隔离并转变了美国法律的很多领域,包括关
　　心被指控者的权利、终止公立学校赞助的牧师、要求选区"一人一票"的任命规则等
　　等。正文中所说的"沃伦法院"指的是沃伦在担任首席大法官期间的美国最高法
　　院。——译者注

（Ⅱ：135）。但是，这是否表明，洛克和罗尔斯之间的差别在很大程度上取决于我们希望对洛克文本中自然法和积极立法之间的关系提出的说法？既然洛克相信自然法在政治社会设立后仍然发挥作用，那么，人的立法在他眼中到底有什么作用呢？

有一种倾向（有时由洛克自己鼓动起来）这样来处理这个问题，就好像它是在问："人的立法能够（或必须）向自然法补充什么？"也就是说，"在自然法不管因为什么缘故而尚未包含或提供的法规和条款方面，人类社会还需要什么？"就这个问题而论，最常见的回答就在于把某些东西鉴定出来，在这些东西上面，自然法据说保持沉默，而人类社会则需要加以裁定。例如，自然法并未告诉我们应该在马路哪边驾驶，[65]因为我们（就像在英国那样）是在左边驾驶还是（就像在美国那样）在右边驾驶（从上帝之眼的观点来看）并不要紧。但是，不管上帝有无兴趣，我们在这件事情上需要某个共同规则。

我怀疑这个说明的作用。对于某个政治制度来说，解决这种问题是一项水平很低、无关紧要的任务。如果立法机构要做的事情莫过于此，那么，对洛克来说，把他在自己的宪政理论中赋予那个团体的那种重要性给予它，就是一种很疯狂的做法了。考虑下面这段话，来自《政府论·下篇》最后一章，它不仅颂扬了立法权，大概也可以充当那本书的座右铭：

> 公民社会是其成员之间的一种和平状态，既然他们有立法机构作为仲裁者来解决在他们当中任何人之间可能发生的一切分歧，战争状态就从他们那里被排除了；因此，正是在他们的立法机构中，一个国民整体的成员才统一起来，结合成为一个连贯的有机体。立法机构就是给予国民整体以形式、生命和统一的灵魂；正是因为有了这样一个灵魂，分散的成员才彼此产生了影响、同情和联系。（Ⅱ：212）

　　正如本书第三章所提到的,应该在马路哪边驾驶的争论说不上是这样一种冲突:人们之所以进入公民社会,就是为了寻求一个仲裁者来解决这种冲突,而且,对于通过立法而提出的解决方案,人们每天都会表示感谢;就算提出了这种协调空间的问题,那也不可能成为将立法机构看作"给予国民整体以形式、生命和统一的灵魂"的根据。如果我们希望用洛克看待立法机构的那种方式来看待它,那么我们就得给予它一种更加高尚的任务。

　　对于阿奎那理解自然法和人类法(human law)之间的关系的这条传统路线,即"人自然地分有永恒法,不过是按照某些一般的原则,而不是针对个别案例的具体决定",①[66]也可以提出类似的说法。有这样一种危险:如果我们让人类立法过度成为为个别案例或异常案例填补细节,也就是说,过度成为狭义上的判决(*determinatio*),那么这种权力看起来更像《政府论·下篇》第十四章中讨论的行政特权,而不是洛克所说的立法权。

　　一种更加慷慨的解释将如下任务赋予立法机构:让自然法变得更确定——不只是对不同寻常的个别案例变得更确定,也不只是为了解决不太重要的协调问题而变得更确定,而且也是在更一般的道德义务的层次上变得更确定。我认为洛克持有一些类似的想法,因为在本节一开始所引用的那段话中,他写道:"自然法所规定的义务并非在社会中就消失了,但是,只是在很多场合它们才表

────────────

① Aquinas, *Treatise on Law*, 18-19.("人类法"这个概念指的是由人来制定的法律,与自然法或上帝制定的律法相对。阿奎那认为自然法相对于人类法来说具有规范的优先性——只要人类制定的法律与自然法不和,就不能认为它是法律,或者倒不如说毁坏了法律。当二者发生冲突的时候,人制定的法律在良知的法庭上没有强制作用。不过,需要指出的是,阿奎那将人制定的法律[*lex humana*]与实在法[*lex posita*]合并为一体,但是二者之间是有微妙区别的——实在法是从法律的正当性的角度来看待法律,一条法律是通过制定者的意志而成为法律,因此上帝制定的法律在这个意义上也是实在法,尽管它是永恒的。——译者注)

达得更清楚,并由附属于人类法的已知处罚来迫使人们加以遵守"
(II:135)。我们暂时还是借助交通法规的例子来说明这一点:自
然法推理(natural law reasoning)可以向一位驾驶员指出,在通过
人口密集地区时,他应该"缓慢行驶",但是,自然法推理不可能向
我们提供一个用数字来表示的速度极限。

　　或者考虑关于财产的法律。在自然状态中,所有权的对象可
以很松散地加以定义:"琼斯是靠近老橡树的那片土地的拥有者",
与所有权相伴随的权利也可以概略地和模糊地加以理解。当人类
法出现的时候,其职能就在于提供更加精确的具体说明:"琼斯是
那片用很多栏杆围起来、一丝不苟地划定了边界的土地的拥有
者";他的所有权现在是由某些权利、权力、自由权和豁免权构成
的,而后面这些东西都是用霍菲尔德(Hohfeld)提出的那种方式来
精确界定的。换句话说,[67]立法的职能就在于更精确地确定在
自然法和自然状态中已经以简陋的和现成的形式存在的规则和分
配。这无疑是一项有价值的职能,因为正是在这些细节问题上人
们最容易发生争执。①

　　刚才引用的那段话也说到,将"已知处罚"与对自然法的冒犯
联系起来就是人类法的任务。至少在一段话中,洛克干脆把立法
权定义为"对社会成员之间所犯的各个罪行规定其应得惩罚的权
力"(II:88)。然而,我们知道,惩罚本来就受到了自然法标准的严

---

①　顺便说,其中的一些争执会涉及到收集事实信息。考虑与洛克的劳动获得理论
　　相联系的、所谓的"充足性限制条款"——只有通过把"足够多同样好的东西留
　　给其他人",一个人才可以合法地占有某些东西(II:27)。如果一个人正在努力
　　遵守这个条款,那么有一件事情就很重要了:去发现有多少"其他人",他们的主
　　张需要以这种方式来加以考虑。对于正在提出财产主张的那些人来说,如果他
　　们希望能够"确定"他们的主张的界限、"缓和"他们各自的支配权,那么对那个
　　条款有一个共同的认识也很重要。一个立法机构可以向他们提供这种信息,这
　　样他们就可以首次客观地认识到,在他们发现自己所处的状况中,充足性限制
　　条款究竟意味着什么。

格制约。立法机构并不比自然状态中的一个人有更大的权威实施惩罚,而在自然状态中,一个人的权力受到了"冷静的理性"的制约:冷静的理性必须"用与罪行相称的方式施以惩处,以便尽量起到纠正和抑制作用"(II:8)。在自然状态中,针对各个层次的犯罪或冒犯来弄清这种惩处究竟涉及什么,大概就是每个受害者或义务警员的任务。一旦我们进入公民社会,这项重要任务就被集体化并被指派给立法机构,而对辩护、饶恕、缓和等等提出详细的学说大概就是那个政治团体的职能。

在履行这项职能时,立法机构成员不时会发现自己正在考虑这一问题:看起来就像"犯罪"的某个事故(或者某类案例)是否有可能不是一项犯罪(比如说,因为它是无意的);或者,他们会发现自己是在决定:(在洛克的"以便尽量起到纠正和抑制作用"这个说法中所说的)抑制是一种个人防范而不是社会威慑的问题。就这种事情出现而论,他们会开始这样来思考立法机构:[68]立法机构就处于他们实际上对惩罚进行自然法思考的某个地方,而不只是这样一个处所——在那里他们聚集起来,把他们已经可以得到的对自然法的理解应用于自身的社会环境。

三

因此,假若有人认为,就民法和自然法之间的关系而论,所要追问的关键问题是"民法能够对自然法补充什么",那么这个想法可能就包含相当严重的错误了。尽管洛克想要说的是,"自然法,作为一条永恒法则,对所有臣民、所有立法者以及其他人都继续有效"(II:135),但他的意思不可能是说,自然法就在那里,已经写在书本上,是立法者为了看到什么东西需要填补就可以去查阅的东西。

一个自然法命题是理性的一个结论,达到该结论的推理是在

世界上、用一种服从人类理性之变迁的方式实时地发生的。① 自
然法可以是一本对上帝打开的书。但是，对我们来说，它不是一种
赠与，而是要（正如我所说）实时地获得的知识。我使用"实时地"
这个说法，是为了强调，洛克在《人类理解论》第三章中对天赋实践
原则的拒斥对其政治学说来说极其重要。② 并不是在任何有趣的
意义上我们都从自然法原则入手。当我们推究这些原则的应用
时，我们不得不一点点地推敲它们。③

　　因此，我们千万不要认为洛克的立法机构就像一座大厅，已经
将自然法之书供奉于其中，就像位于费城的美国宪法原本那样就
座于玻璃盒中，等待参众两院议员莅临。洛克对天赋观念的拒斥
也要求我们放弃任何一个想当然的假定：[69]两院议员在进入大
厅时就已经知道自然法，因为上帝已将自然法悄悄灌输到他们良
心中，或者在他们心中留下了烙印。洛克所设想的立法者面临的
问题，无疑就是他们当中许多人已经思考过的问题；也许其中一些
人还很用功、很尽职尽力地思考。而且，立法院就是这样一个地
方，在那里，首次有正式场合供他们在其他人的陪伴下大声地从事
自然法推理。立法机构就是这样一个地方，在那里，洛克所描述的
个体一道努力弄清自然法的要求。

　　我不知道这个观点到底有没有争议，不过，为了保证它得到充
分理解，让我用一个例子来说明一下。在《政府论·下篇》中，自然

---

① 对人类推理中时间因素的讨论，尤其是它与论证性推理的关系，见 Locke, *An Es-
say Concerning Human Understanding*, Bk. IV, Ch. 2, para. 4（《人类理解论》，第
四卷，第二章，第四段）。

② Locke, *An Essay Concerning Human Understanding*, Bk. I, Ch. 3, para. 13.

③ 甚至我们这个"理性时代"的来临也不过是我们从事这种推理的能力变得成熟，而
且肯定不等于直接继承这种推理的理想结果。洛克根本就没有暗示说，我们的合
理性在我们作为成年人的一生中不会继续从这个问题和其他问题中得到训练。
（见《政府论·下篇》57—59 段。我把这段话中的论证解释为：在自然法下承担责任
的能力预设了理解自然法的能力；而不是解释为：只要那种能力已经成熟，它就会
产生实际的理解。

法论辩的最完整的部分，就是第五章中那个关于财产的论证。这个论证先于洛克在随后六个完整的章节中对立法机构及其任务的讨论；它在这部著作中的地位暗示（在我看来用一种令人误解的方式）了如下思想：立法机构受到自然法结论的约束，这种结论是独立于立法机构的慎思而得到的。财产肯定会成为立法者必须在某种形式上提出的一个问题。我现在的建议是，我们应该这样来看待《政府论·下篇》第五章：它不是立法会成员在开始自己的工作时就已经知道和理解的东西，而是洛克希望当他们在一起协商财产问题的时候可以在他们当中听到的一个论证（以及听说这个论证在他们当中很流行）。（如果你记住这一点，那么，在阅读这个论证的时候，你就可以看到，其中大部分论证在如下最好的意义上都具有政治修辞的特征：预料到各种异议，承认其他可能性，说明一个听起来很陌生的理论为什么其实比表面上看上去更有道理，等等。）

[70]我不是在暗示，洛克所说的召集立法机构就意味着财产问题首次得到了思考和讨论。洛克否认这一点，而且，我们也只应该从外表来判断他提出来的一个主张：他所阐明的那个论证在自然状态中可以得到理性个体的理解和运用。更重要的是，立法机构中对这些问题的任何讨论，都是在充分意识到结论可能会具有一些含义（这些含义可以说是立法机构的事前约束）的情况下来处理的。这里有了一点拉紧绳索的意思。我不是在采纳我认为詹姆斯·塔利（James Tully）（他在我之前发表了西利演讲）①所采纳的那条路线：立法机构可以对自己提出"什么形式的财产和财产分配会促进公共利益？"之类的问题——这种问题根本上不同于人们在自然状态中应该个别地对自己提出的问题。② 问题其实都是一样

---

① 　参见 Tully，*Strange Multiplicity*。
② 　参见 Tully，*A Discourse on Property*，特别是第 157 页及以下。

的：都关系到个人在所有权方面的自然权利、混合自己的劳动等等。我的建议毋宁说是这样的：对于这些问题，立法者不可能拥有按照自然权利来提出的答案，因此不可能觉得自己受到了这些答案的约束，除非他们确实从事自然法推理。立法会本身就是他们从事这种推理的一个场所。

四

如果这就是我们对洛克的立法机构的描绘，那么他的观点就与罗尔斯的观点形成了一个对比。在《正义论》第四章中，罗尔斯对立法机构提出的说法展现了一个我们在洛克那里发现没有说服力的图景。

罗尔斯说，在思考立法时，我们必须认为他的两个正义原则（从我们的目的来说，相当于洛克的自然法）已经确立起来，[71]是立法者已加以承诺的。按照罗尔斯的设想，立法机构并不是允许在正义问题上发生根本分歧的地方。在社会政策上肯定可以存在分歧："立法是否公正的问题，特别是在经济政策和社会政策方面，通常会在意见上发生合情合理的争执。"①但是，罗尔斯强调说，这种争执应被视为在同样的根本原则的具体运用上发生的分歧。② 换句话说，罗尔斯的论证会让人觉得，在一个良序社会中，立法协商不可能涉及在原则问题上的根本分歧，就好像在对立法过程进行思考的时候，我们应该认为所有原则上的分歧都已经在一个早期阶段得到了解决。

我们需要说说"阶段"这个概念。在《正义论》中，罗尔斯要求我们在他所说的"四阶段序列"的情境中来思考立法的正义。③ 第

---

① Rawls, *A Theory of Justice*, 198−199.
② Ibid, 233.
③ Ibid, 195−201.

一阶段是在原初状态中选择正义原则。第二阶段是构想一部公正的宪法,按照罗尔斯的设想,这样一部宪法"在现存环境中最有可能会产生有效而公正的社会安排"。①

　　　在构想一部公正宪法时,我假设已被选择出来的那两个正义原则为我们渴望得到的结果规定了一个独立标准。若没有这样的标准,也不会恰当地提出宪法选择的问题,因为决定是通过浏览各个可行的公正宪法(比如说,根据社会理论列举出来的宪法)而做出的,其目的是要寻找在现存环境中最有可能会产生有效而公正的社会安排的那部宪法。②

　　第三阶段是代表们对立法的选择:在罗尔斯看来,[72]这种选择就在于代表们按照在第二阶段构想出来的宪法去尝试应用在第一阶段所选择的原则。第四阶段就是管理者和法官将规则应用于具体情形。由此可见,罗尔斯的模型假设所有根本工作在原初状态就已经完成了。两个正义原则已确立起来,否则就不能"恰当地提出"宪政设计问题和立法机构内部的公共选择问题。对于罗尔斯来说,思考正义的基本原理并不是立法者的任务。他们的任务更加平凡:以确定的法定政策的形式来应用从正义原则中得来的结果。

　　当然,我们知道原初状态只是思想实验,不是被设想为实际上发生的会议。罗尔斯也不认为随后三个阶段实际上对应于把一个良序社会构造出来的三个时期。而且,这四个阶段出现的秩序影响了(如果说不是在时间上)我们对一个问题的认识,即哪些议题与哪些选择具有逻辑关联。在罗尔斯的模型中,他要求我们透彻地思考与一个立法机构的正常运作有关的问题,思考它要承担的

---

① 　Rawls, *A Theory of Justice*, 198.

② 　Ibid.

各项责任之本质,思考(这一点从我们的目的来看最为重要)它与
其他机构(例如法院)的关系,就好像其成员的慎思是在关于正义
的实质性结论的阴影中(不妨这么说)来落实的,而这些结论早就
用某种方式达到了。他并未要求我们按照那种我们作为一种政治
现实而体验到的景象——正义的根本原则是立法机构的成员可以
发生分歧的东西——来思考立法设计和制度责任。当立法设计的
任务必须摆在我们面前时,罗尔斯并不认为这项任务就在于容纳
那种分歧或进一步将它表达出来。

[73]罗尔斯也许回答说,当我们富有经验地把那个四阶段的
序列应用于他所说的"次优社会"(在他的意义上达不到"良序"标
准的社会)的境况时,我们就需要用一种复杂的方式让所出现的几
乎每一个问题与那四个阶段联系起来。因此,在为真实世界设计
某个立法制度或者发展某个宪法概念时,我们就可以不加区别地
诉求我们从那四个阶段中得到的考虑。然而,这个想法实际上不
会发挥作用。因为罗尔斯的设想所面临的问题并不在于那个四阶
段序列中的各个阶段在秩序上是错误的;而是在于:在对正义产生
分歧的那些人当中,那个四阶段序列根本就没有为协商留下余地。
在罗尔斯的序列中,第一阶段是原初状态,它把一些人聚集起来,
而那些人被认为是要捍卫他们的自我利益,而不是坚持他们的竞
争的正义观念。第二阶段以及随后两个阶段都只涉及按照第一阶
段的结果来进行思考。如果人们对于第一阶段(原初状态)将会产
生什么结论本身就有争议,或者,更有可能的是,在"原初状态是否
就是提出正义问题的恰当方式"这个问题上,如果他们本身就有分
歧,那么协商的观念在他们当中根本就发挥不了什么作用。

五

但是,对于关于正义的分歧,洛克真的持有一种更加现实或更

有帮助的态度吗？我们确实不很清楚洛克如何思考分歧。如果人们是在接二连三地从事自然法思考，就像自然状态中的个体那样，那么，按照洛克的想法，他们有可能会达到同样结论吗？如果我们对该问题的回答是肯定的，那么我们大概就可以指望洛克的立法机构会在意见方面取得某种一致（consensus）。[74]但是，如果我们的回答是否定的，那么我们必定就可以料想，当代表们聚集在立法机构中一起从事自然法思考时，洛克的政治理论就为经过慎重考虑的分歧留下了余地。

　　我已经说过，反对天赋实践原则的论证替洛克消除了一种可能性——我们很容易在自然法上达到一致。不过，如果为了认识到自然法而必须进行的那种推理是直截了当的，那么一致也许仍然是可得到的。这就是洛克打算说的，至少他的一些语气暗示了这一点。洛克说，自然法"对于有理性的人来说……就像各国的实在法一样是可以理解的和清晰的，甚至可能还要清晰一些，就像与人们在追求对立的和隐藏的利益时用文字表达出来的幻想和错综复杂的计谋相比，理性更容易得到理解一样"（II：12）。按照这个论述，争执和分歧差不多都是对之加以迎合的那些人的"隐藏利益"以及"人为的无知和玄妙的话语"的产物。①

　　然而，故事并非到此就结束了。就意见的一致或分歧而论，一位理论家对自己的论证和结论的态度，是他在这方面所持有的看法的一个最好标志。现在，洛克肯定就像任何其他哲学家一样自负，像他们一样坚信自己把握了真理。因此，如果他发现其他人的观点与自己不符，他就倾向于将他们的观点归结为无知或偏见。然而，他自己在《政府论》中的论证方式表明，纵然他对自己的观点充满自信，他也充分意识到他的观点在一些地方会引起争议，而在那些地方，其他观点可以被合理地认为是可能的。在

---

① 　Locke, *Essay*, Bk. III, Ch. 10, para. 9.

《政府论·下篇》中,至少在三个地方,他说他的观点"对大多数人"来说很可能显得"陌生",也就是说,有悖于直观。在我看来,[75]这三个地方分别是:他就自然状态中的惩罚权提出的论证(Ⅱ:9);他就劳动推翻对土地的公共所有提出的论证(Ⅱ:40);他对公正战争中征服者的权利的论述(Ⅱ:180)。他预料到了异议,并表明他不仅充分意识到了其他可能的观点,而且也理解了这样的社会和经济状况,例如在货币发明后土地所经受的压力,它们使得此前看似简单和明显的问题在现在变得复杂而有争议(Ⅱ:36,75,111)。

在我看来,我们应该认为这就是问题之关键,就是如下事实的最佳暗示:洛克实际上认为自然法推理足够复杂——尽管存在正确答案,答案也并非如此明显地就是正确的,对它们所采取的推理路线也不会如此明确地表明,诚实地进行推理的各个人不会得到不同结论。我特别提到这一点,是因为对意见分歧的这种暗示恰好与洛克的政治论证的两个重要方面相联系。第一个方面是他对实在法的必要性的理解,第二个方面是他自己对在协商团体中达到全体一致(unanimity)的前景的思考。

六

先来考虑第一点即实在法的必要性。洛克告诉我们,自然状态的最重要的缺陷之一,就在于缺乏"一种确定的、固定的、众所周知的法律,经过共同的同意被接受和承认为是非的标准以及裁决一切纠纷的共同措施"(Ⅱ:124)。在自然状态中,一个人的权利是出于实际用途、由按照自己权利来行动的其他人来决定的。如果我在一件财产纠纷上不同意你,那么,是否要对我进行制裁可能就取决于你如何进行推理。既然人们在推理的基础和特征上各不相同,就会出现关于可预测性的问题:[77]在自然状态中我不知道自己处于何处，因为我不知道我会受到哪个人的自然法推理的支配。①

　　相比较，既然实在法是我们在立法机构中共同提出的东西，因此，一旦实在法开始出现，人们就破天荒地共同具有了洛克所说的"确定的、常设的法律"（II：137）、"一个赖以生活的常备规则"（II：22）、"一种确定的、固定的、众所周知的法律，经过共同的同意被接受和承认为是非的标准以及裁决一切纠纷的共同措施"（II：124）。我们必须看到，在使用这种说法时，洛克不仅把固定的法律与专断的皇家权威进行对比，也把它与个人在自然状态中就事论事、在自然法推理方面所做出的单方面的、不可预测的真诚努力进行对比。

　　随着立法机构的确立和运作，法律就开始在一个崭新的意义上存在。它现在作为"我们的法律"而存在，作为一种几乎可以摸得到的东西而存在，作为我们每个人都能当作一个共同的参考点来依靠的东西而存在。用阿伦特描述一部成文宪法之优点的话说，法律现在是作为"一种能持久的客观事物而存在，这种事物确实是人们可以从不同角度来接近的，是人们可以按情况来改变或修订的，但又绝不［只是］一种主观的精神状态。"②法律现在成为了我们世界中的一部分、一种我们可以共同参考的东西，结果每个人都理解对方正在获得什么。不管自然法从何而来，它从来就不是在这个意义上存在于自然状态中。我认为，这就是为什么在洛克所设想的那种宪政体制中，立法机构被看得如此重要，因为"一个国民整体的成员正是在其立法机构中统一起来，结合成为一个具有凝聚力的有机整体"（II：212）。

　　[77]当然，在我们的时代，法律实在论者，以及后来批判法学研究运动的成员，都认为（积极立法的）这种好处纯属幻觉。他们说成文法（written law）不可能提供这种稳定性，因为成文法不仅

① 亦可参见诺齐克的讨论（Nozick, *Anarchy, State and Utopia*, 第 54 页及以下）。
② Arendt, *On Revolution*, 157.

在很大程度上取决于解释,而且在意义上充满不确定性,这种不确定性之所以产生,就是因为在一个实在法系统中,每个人各自做出的推理,就像在自然状态中那样,受到了特殊性、偶然性以及个人特质的影响。洛克有时候也倾向于这样说。我们应该记住,洛克,就像他之前的霍布斯以及他之后的边沁一样,是英国法律体制的一位哲学批评者(如果人们确实使用"体制"这个术语去指称边沁称为"古代蒙昧的蜘蛛网"的那种东西)。① 在《人类理解论》第三卷第十章中,有一段话很有力,在这段话中洛克抱怨说,在法学界,有些人喜欢使用"各种古怪的区分和过分考究的细节"来营造一些说法,结果就导致了"晦涩和不确定"。② 洛克说,"法律解释是没有终结的;评论招致评论,说明产生新的说明问题"。

> 君主在日常命令中说给或写给仆人的东西都很容易得到理解,但在法律中说给人民听的东西就不是很容易理解了,这究竟是如何发生的呢? 正如我先前所说,有一件事情并不经常发生,即:一个能力一般的人无需与一位解释者商榷,或者无需去到参议会,就能很好地理解自己读到的一个文本或一条法律;如果那人此前是独自去解释那些东西,那么他说出来的话要么毫无意义,要么就只是他随心所欲地说出来的。③

不过,对洛克来说,这一点不仅对人类法来说是真的,对自然法来说也成立。在律师们将民法弄得乱七八糟的时候,把我们对自然法的理解弄得乱七八糟就成为神职人员的特殊使命了(II:112)。作为《人类理解论》和《政府论》的作者,[78]洛克的深思熟

---

① 波斯特玛引用的一个可爱说法,参见 Postema, *Bentham and the Common Law Tradition*, 266。
② Locke, *Essay*, Bk. III, Ch. 10, para. 12.
③ Ibid.

虑的观点看来向来都是,在一群出于善意的人当中,一个人能够合
理地指望的就是这样一件事情:就算存在着解释上的困难,与他们
不得不信任彼此对自然法所做出的推理相比,他们会更好地认识
到,在他们或他们的代表所颁布的一套固定的实在法下面,他们究
竟处于什么地位。

七

　　我说过,只要对洛克的一种解释可以为关于自然法的根本分
歧留下了余地,这种解释就会与他在道德理论和政治理论中提出
的两个观点发生联系。第二个观点关系到洛克对如下事实的承
认:在政治机构内部可能不会取得一致同意。洛克对这一点坚信
不疑,因为他说道,"在由人构成的各种群体中,必然会发生意见的
多样性和利益的对立"(II:98),哪怕是在宪法原则的最重要的问
题上,也是如此。"利益的对立"这个说法现在表明,洛克在那里实
际上所说的不是原则的分歧;如果分歧就在于对立的自我利益,那
么,对于自然法要求什么这个问题,实际上就没有什么意见分歧。
事实上,我认为这个说法的两边("利益的对立"和"意见的多样
性")都是我们应该认真考虑的。① 有趣的是,在《政府论·下篇》
其他地方,洛克干脆把分歧的可能性与一般而论的人类多样性联
系起来:丈夫和妻子,他说,"尽管只有一个共同关注,却有不同的
理解,因而有时也会不可避免地具有不同的意志"(II:82)。② 我们

---

① 这就是说,我们应该强调推理和分歧在洛克那里的联系。洛克论证说,"不可能有
任何一个即将提出的道德规则,是人们不可以正当地要求一个理由的"(Locke,
Essay, Bk. I, Ch. 3, para. 4);他继续说道,正是"从这里"(即从推理中)"产生了可
以在人们当中发现的关于道德规则的多种意见……"(Locke, *Essay*, Bk. I, Ch. 3,
para. 6)。
② 正是在这段话中,洛克继续声名狼藉地说道:"因此有必要使最后的决定——即统
治权——有所归属,而这种权力就自然而然地落在较为能干和强壮的男子份内。"

每个人,甚至在我们最亲密的关系中,而且肯定在我们的政治中,都必须面对如下事实:并非只是我们意识到了在正义问题上的挣扎,[79]我们必须与其他人共同分享这个世界,尽管他们可能会与我们发生争执,或者在诸如此类的重要问题上遵循不同的思路。①

因此,洛克强调说,任何制度都不可能幸存下来,假若它依靠某个取得一致同意的规则的话;如果(用他略带挪揄意味的话说)"进入社会"并不像"伽图进入剧院那样,只是为了再出来"(II:98),那么一种与多数决定相似的东西就变得必要。在这里我们无法深究洛克对多数决定的捍卫(II:96),②尽管在本书第六章中我们会回到这个问题。此时只需指出这一点就够了:尽管洛克意识到一种类似于多数决定的程序是必要的,他也没有虚幻地认为多数人必定是正确的。因为,尽管自然法的内容没有被提前给予立法者,自然法的观念已经被提前给予立法者了。只要有了这个观念,立法者就知道,在立法机构中所存在的各个竞争观点中,至少有一个观点必定是客观上错的。他们也知道这不只是一个智力游戏:自然法的观念本身就可以指出,有一件事情实在要紧——我们把握到的是正确的而非错误的观点。

但是,即使这件事很要紧,那也不意味着存在着一种检查方式。我们千万不要认为,只要面对自然法来检查一下我们投票的结果,我们就可以断定我们作为立法者、作为多数投票者是不是出了错。立法者肯定会认为自然法对他们所颁布的法律施加了约束,而洛克也很清楚这一点(II:135)。但是,立法者或者任何其他人对自然法所具有的,不过就是他们在自己的推理中对自然法所

---

① 正如阿伦特所说,政治存在,是因为"并非只有一个人栖息在地球上,而是所有人都栖息在地球上,并在他们之间形成了一个世界"(Arendt, *On Revolution*, 175)。

② 肯德尔对此有一个精细的讨论,见 Kendall, *John Locke and the Doctrine of Majori-ty-Rule*, 112—123。但是,肯德尔错误地假设,洛克决定把正确的东西鉴定为多数人规定的东西(同前引,第 133 页)。

达到的结论,而且这种结论是尝试性的和可错的。虽然存在着一个在内容和力量上都不依赖于我们思想的自然法,但是,对于我们这些生活在世界上的人来说,只有通过不断及时地探究自然法,并意识到我们在这种探究中可以出错,我们才能对它有所了解。[80]如果我们问自己"这就是多数人按照自然法做出的裁定吗?"那么我们不过是在用另一种方式问"这是正确的吗?"——这大概是我们一开始都表决了的东西,而且不能被认为具有这样一个含义:某事之所以正确,是因为我们认为我们是正确的。这就是问题之所在;并非我们认为是正确的东西就是正确的。

八

在谈论多数决定时,我一直在假设,在洛克的理论中,立法权被委托给某个集会而不是某个单一的个体。这是一个重要假定。就像霍布斯一样,洛克愿意说立法权可以被授予某个个体,也可以被授予某个集会。[①] 但是,不像霍布斯,洛克认为有一个压倒性的理由将立法权授予某个集会,而且最好是由选举出来的代表组成的一个集会,这些代表也不应该是职业政治家。[②]

为什么呢? 主要论证关系到洛克对法治的考虑:洛克认为,重要的是,立法者也应该像普通臣民那样服从他们所颁布的规则。洛克说,在对暴政和剥削有了痛苦的体验后,人民就发现自己

> 绝不可能感到安全和安心,也绝不可能认为自己是生活在公民社会中,直到他们把立法权交给人们的集合体,不管是称之为参议院或议会,还是称之为什么别的东西。通过采用

---

① 　见《政府论·下篇》,第 132 段。亦可参见 Hobbes, *Leviathan*, 129—138。

② 　霍布斯提出了相反的论证,见 Hobbes, *De Cive*, Ch. 10。

这个办法,每一个人,都和其他最微贱的人一样,平等地受制于他自己作为立法机构的一部分而确立的法律。(II:94)①

洛克的另一个考虑事关同意纳税,在这件事上,立法机构的成员代表了选民的利益及其多样性:立法机构中本来就有好几百个成员,这意味着公民的利益是多种多样的,而不是本质上同样的。

将立法权托付给一个集会的做法有一些认知上的好处,对于这种好处,我们又能对说些什么呢? 洛克认为,与每个人都努力按照自己的观点去考虑问题相比,通过在一起进行推理然后再投票,立法者更有可能得到一个正确的答案。洛克在什么意义上持有这一观点呢?②

对于一起进行推理的好处,洛克所说不多。在《人类理解论》中,洛克倾向于认为,争执及其所换发的"雄辩"会把事情弄得更糟。雄辩,就像"作为错误和欺骗之有力工具的修辞"③,在洛克的词典中几乎总是一个不光彩的词。在《人类理解论》第三卷一开始,洛克就强调语言的重要性及其与人的社会性的那种近乎亚里士多德式的联系。现在我们必须按照这个强调来权衡上述说法。"上帝已经将人设计为一种社会产物,不仅使他们具有一种爱好,而且也使他们在某种意义上必然要与同胞发展交情;因此上帝也

---

① 这一点在《政府论·下篇》第143段中被重复:"在组织良好的国民整体中,全体的福利得到了应得的考虑,立法权被交到若干人手中,他们定期集会,自己或者与其他人一起掌有制定法律的权力,在制定完法律后,他们就解散了,自己也受他们制定的法律所支配;这是对他们的一种新的和切身的约束,是要他们注意他们是为了公共利益而制定法律。"

② 这就是说,在洛克的论证中,有没有什么与孔多塞的陪审团定理或者亚里士多德在《政治学》中持有的论证(Aristotle, *The Politics*, Bk. III, Ch. 11)相当的东西? 亚里士多德的论证所说的是,当议事会成员聚集起来共同运用知识时,他们得到的答案就好于任何一位成员按照自己的观点提出的答案。我将在第五章讨论这个论证。

③ Locke, *Essay*, Bk. III, Ch. 10, para. 34.

为人配备了语言，而语言就成为一种重要工具，成为社会的共同纽带。"①洛克意识到语言是"社会的纽带"，这个认识说明了在《人类理解论》中他为什么会认为公民交流或公民对话很重要——对他来说，公民交流或公民对话就是让我们彼此间卷入道德推理的一种方式。② 这个认识也说明了洛克为什么会认为，面对那些靠扰乱和混淆语词的意义来谋生的人（即律师），对"交谈、对话、教育、社会之工具和手段"的完整性进行维护很重要。③

在《政府论·下篇》中，也有一些论证关系到集体协商的重要性，这些论证即便不是很突出，也肯定存在。[82]例如，在讨论选举腐败为什么错了的时候，洛克强调说，至关重要的是，代表们"应该按照经过审查和详尽讨论而确定下来的国民整体和公共利益的需要，去自由地做出决议和建议。但是，如果有些人在尚未倾听辩论并权衡各方提出的理由之前就开始投票表决，那么他们就做不到这一点了"（II：222）。尽管洛克相信自然法，在这里还是有一些材料支持如下主张：他是一位协商民主理论家，或者至少在这方面持有一些原始的观点。

九

不过，我们必须明白：按照洛克的论述，一起推理改进了公正立法的前景，但不足以消除分歧（我们仍需投票表决），也不足以消除发生错误的可能性。多数人以及因此立法机构仍然处于这种危险中：逾越了自然法和个人的自然权利实际地（即客观上）提出的要求之界限。

---

① 　Locke, *Essay*, Bk. III, Ch. 1, para. 1.

② 　Ibid, 9, para. 15.

③ 　Ibid, 10, para. 9.

那么,在什么意义上自然法就是对洛克式的立法机构所施加的一个限制? 这个限制显然不是制度上的限制,因为面对立法机构的决议、旨在表达自然法之主张的任何人类制度,本身都很容易出错,正如立法机构也可以犯错误。于是,在把自然法称为"限制"时(II:142)洛克究竟是指什么呢? 或者,在持有一个有限立法机构的观念时他究竟是指什么呢? 他说"自然法,作为一条永恒法则,对所有臣民、所有立法者以及其他人都继续有效"(II:135),在提出这个主张时,他要表达什么意思呢? 这句话只是空话吗?

我认为我们可以把这句话理解为一个政治文化问题。为了明白我的意思,不妨考虑一下与经典文献中某个东西的类比。在阅读约翰·斯图亚特·密尔的《论自由》时,[83]我的学生们总是不假思索地假设,《论自由》是对[美国宪法]第一修正案的一个捍卫,是要求在维多利亚的英国设立类似宪政约束的一个呼声。看来这些学生还没有认真考虑密尔的强调:他是在对舆论发表演说,或者至少是在对"有智力的那部分公众"发表演说,[1]他是在努力唤起"道德信念的一个有力屏障",以便抵制有些人将自己的意见作为一条行为规则强加给其他人的做法。[2] 同样,在四处为洛克所说的"自然法的限制"寻求一种制度体现时,我们就忽视了他当时为了导致一种变化———一种主要是道德上的变化,也就是说,在政治文化方面的一种非正式的变化,而不是一种在正式制度上的变化———而寻求的可能性。

对洛克来说看来重要的是,立法者应该相信自然法,应该认真看待自然法,在开始从事自己工作时应该认识到自己可以做的事情是有限制的。对每个立法者来说,尽量认真去理解这些限制是什么、他的立法提议是否与之相抵触,就应该成为其任务的一个不

---

① Mill, *On Liberty*, Ch. 3, 90.
② Ibid, 1, 18.

言而喻的部分。对洛克来说，公民们也应该用一种差不多同样的认识来浸透他对立法权威的服从。他们应该认识到，并非立法机构所说的任何事情都是他们有义务做的，相反，在立法机构僭越了自身的限制时，他们反而有权不服从乃至反叛立法机构。他们应该用这样一个认识去行动，去回应立法机构的命令。因此，公民们也应该尽量努力去理解自然法究竟提出了什么限制、立法机构对他们提出的法令是否与那些限制相抵触。更重要的是，洛克想要鼓舞这样一种政治文化：在这种文化中，所有参与者所深信的东西都伴随着一个显著认识——他们面对的问题，不论多么困难、多么有争议，也仍然是客观的；而且，他们在这些问题上可以出错，[84]不过，如果他们确实出了错，那么，面对自己的错误及其所产生的任何浩劫，他们只对上帝交代。

　　对于我们现代人来说，宪法才是当务之急，但是，我们在这种关注中往往忽略了这一可能性：与正式声明或其他制度安排相比，在人民当中普及自由和尊重的精神的做法，更有可能让我们的权利得到维护、让自然法得到尊重。不过，就像世界上各种"宪法"的宿命所表明的那样，若没有一种关于自由的恰当的政治文化与之相伴，纸上的声明就没有多大价值。① 如果政治文化对自由就像对一套制度约束那样重要，那么我们就应该停止假装政治哲学只对规定制度感兴趣。洛克明确声称《政府论》的首要目的是要促进政治理解，而不是促进制度设计：《政府论·下篇》旨在"正确地理解政治权力"（II：4，我的强调）；洛克用以行事的假设是：如果一个政体用一种正确的理解来贯穿自己，那么，就其特征和运作而论，

---

① 参见亚历山大·哈密尔顿（Alexander Hamilton）的说法：就保障新闻自由这样一个权利而论，"不管宪法中就尊重这项权利插入了什么精美的声明，这项权利的保障必定完全取决于公众舆论，取决于人民以及政府的总体精神。我们毕竟……必须在这里来寻找一切权利的唯一牢固的基础"（*The Federalist Papers*，no. 84，476－477）。

它就显著地不同于一个其成员任性地或粗心大意地误解了政府的权利和基础的政体(II:111)。[1]

　　将我们对立法之限度的认识定位于政治文化中,而不是定位于某个权威机构中,这种做法确实意味着,在"那些限制是什么"这个问题上,我们就有可能在人们那里碰到分歧、不确定性以及争执。对于立法机构如何才算背叛人民对它的托付,人们也会发生争执,或者,即使他们可以抽象地取得一致,他们也会对这种背叛何时发生了产生争执。(这些问题是我们在第六节一开始就讨论过的。)就像洛克所承认的,这种争执自身就含有不稳定和冲突的危险,因为在人民当中,他们经常在争执的就是这样一个问题:[85]他们什么时候有资格抵抗或推翻立法机构。[2] 洛克最终认为,只有通过人民天生就有的保守主义,这个问题才能得到缓解(II:223)。在洛克所设想的那种环境中,这个问题肯定不是通过对自然法的要求提出一个明确的写作表述就能解决的。因为在某种意义上说,提出这样一个表述就是洛克所说的立法的本质所在,而且,我们需要记住,问题就在于:就像由人所构成的任何一个政治团体一样,立法机构对自然法的理解是可以出错的。指望另一个立法团体(一个超级立法机构、一个制宪会议等等)来进行表述只是在推迟问题,或者说重新制造困难。

十

　　不过,我们还是忍不住再次追究制度问题,尽管这样做有点过时:为什么洛克(或者一位后来的洛克主义者)不曾想到用某个进

---

[1]　亦可参见洛克的强调:"对君主和人民所能造成的最大危害,莫过于传播关于政府的错误观念"(《政府论·下篇》,第138段)。

[2]　《政府论·下篇》第十八章和第十九章被这个问题所占据,见《政府论·下篇》203－210段,223－230段以及240－142段。

一步的政治团体来评审立法机构的多数决定,以便检查这些决定是否符合自然法? 为什么他没有去考虑对立法的司法评审这样一个选择?

对于作为一个独特的政府部门的司法,洛克所说不多,他也因此而遭受诟病。在他对"三权分立"的论述中,他确实很少去专门讨论司法。在彼得·拉斯莱特(Peter Laslett)为《政府论》评论版撰写的导论中,他指出洛克没有把司法鉴定为一个单独的政府部门,并进一步论证说,按照洛克的论述,司法根本就不是一个分离的权力机构:"司法是国家的一般属性。"①拉斯莱特认真地考虑了洛克三番五次提到的一个论点:在社会契约中,人们所做的事情就是"通过在世界上设立一个有权决定[在人们之间有可能产生的]一切争端的法官"而脱离自然状态(II:89)。[86]这个"裁决者"被鉴定为政府总体,而不是任何特定的政府部门。

然而,拉斯利特错误地引出了这一推论:对于一个司法机构的特定职能,洛克也无话可说。不错,洛克并未大量论述我们称为"裁决"的那种东西:他对疑难案件、法律漏洞、自由裁量权等等有一些个别的评论(II:159),此外,他说我们需要"按照[立法机构所制定的]法律来判决纠纷的公正无私的法官"(II:131)。②

不过,拉斯利特认为,为了检验立法有没有遵守自然法,就需要考虑一个对立法进行司法评审的可能机构。在这点上他绝对是正确的。立法的职能就在于做出公正判断。立法者本来要做的事情,就是尽可能忠实地(通过一起进行推理)弄清摆在他们面前的各种提案是不是符合自然法的要求。就社会成员在这个问题上会

---

① Laslett, "Introduction" to Locke's *Two Treatises*, 120.

② 洛克确实对司法提出了少量说法,这些说法必须被放到他对行政权的讨论的名下。正如高夫提醒我们的(Gough, *John Locke's Political Philosophy*, 109),这其实不是很不相同于孟德斯鸠——孟德斯鸠把司法权描述为"对依赖于民法的那些东西的行政权"(*la puissance executirxce de celles choses qui dependent du droit civile*)。

有分歧而言——就自然法是有争议的而言——立法就是对这些争端的裁决。洛克的看法在某种程度上就是霍布斯的看法：①如果存在着一个能够否决立法机构的团体，那么该团体就是真正的主权者，就是社会的真正立法者。洛克说，除了在爆发革命的情况下外，在任何事情上，"立法权都是最高权力"。他由此得出一个颠倒过来的结论：凡是具有"最高权力"的东西就是立法机构，而且就像霍布斯那样论证说，"谁能对另一个人实行法律，就必须凌驾于那人之上"(II：150)。

我承认，洛克并未考虑我们所熟悉的一个可能性：一个政治团体在提出和颁布法律时可以有最高权力，而另一个政治团体只是在评审和否决法律时才有最高权力。但是，尽管洛克并未考虑这个可能性，他的制度论证实际上有效地拒斥了它。因为我认为他想说的是，[87]每当人们对自然法存有争议时，重要的是要有一个代表性的集会去解决争议。理论上说，这些争议可以由一位君主或一个团体来解决，该团体的成员甚至可以戴上假发、披上法袍；理论上说，根本的立法权可以被授予一个人或一些人。但是，实际上这种做法往往不甚明智。重要的是，由于具有代表性而把我们的"相互影响、同情和联系"(II：212)体现出来的机构，通过使用多数投票之类的程序，也应该是对我们在正义、权利、公共利益和自然法方面的分歧进行判决的机构。由我们的代表组成的那个机构，与对我们在道德原则上的根本分歧进行判决的那个机构，应该是同一个机构。正是通过把这些职能组合起来，那个机构就体现了我们的公民统一性以及我们对相互同情的认识。洛克认为，"这就是给予国民整体以形式、生命和统一的灵魂"(II：212)。

我认为这是一个强有力且吸引人的见解。它体现了这样一个信念：这些争端是"我们的"，是我们所要处理的，因此，即使它们必

---

① Hobbes, *Leviathan*, 184.

须由比我们少得多的某些人组成的某个机构来处理,这样一个机构也应该是多样的和多元的,而且,通过一种类似于选举问责制的东西,它体现了自我管理的精神。因此,这个机构是这样一种政治团体,从中我们可以辨别出托马斯·潘格尔(Thomas Pangle)所说的"我们的原始同意的明显足迹"。①

有趣的是,罗尔斯的论证中有一些资源支持一个类似的观点,尽管这些资源尚未发掘出来。罗尔斯说,正义要求所有(成年的、健全的)个体有权参与(不管是直接地还是通过代表)制定法律、就如何组织自己的社会做出其他决议。政治权力是由第一个正义原则来调节的基本善,而且,就政治章程而论,[88]它产生了一个相当于"(平等)参与原则"的东西。② 罗尔斯还强调说,在参与原则和原初状态假说的契约论精神之间有一种很紧密的联系:

> 作为公平的正义开始于如下思想:在共同的原则既有必要又有利于每一个人的地方,它们必须从一个适当地加以界定的原初平等状况的观点中制定出来,而在这个状况中,每一个人都公平地得到表达。参与原则把这个概念从原初状态转移到作为制定规则的最高级别的社会规则系统而存在的那个制度。如果国家要对某片领土行使一种最终的、强迫性的权威,如果它要以这种方式持久地影响人们的生活前景,那么那个制度过程就应该把原初状态的平等表达维持在某种切实可行的程度上。③

在这个意义上,罗尔斯就像洛克那样在根本上承诺了如下思

---

① Pangle, *The Spirit of Modern Republicanism*, 254.
② Rawls, *A Theory of Justice*, 221.
③ Ibid, 221−222.

想：最终解决我们的分歧是我们自己的事情。问题在于，罗尔斯未能把他对大众主权的这个一般承诺（体现在他自己的契约论中）转移到他对一个问题所做的论述，那就是：在不能方便地按照他那著名的"四阶段序列"来划分的真实世界中，立法机构的职能究竟在于什么？正如我们在第四节中看到的，下面这件事情是不清楚的：在罗尔斯自己的理论中，他实际上有资源把他对立法代表的重要性的一般认识转变为一个更具体的信念——既然我们可以对正义持有多种多样的竞争看法，我们在立法机构中最需要得到表达的就是我们在这个方面的能力。

<h1 style="text-align:center">十一</h1>

在本章一开始我就说过，我的目的不只是要理解洛克，[89]也是要对一个关系提出某种一般说明——这个关系一方面关系到我们对正义的理论思考（用洛克的话说，我们对自然法之要求的思考），另一方面关系到我们对各种机构（例如立法机构）的理论思考。

我想表达的观点是这样的。我们经常这样来从事政治哲学，就好像思考正义的恰当方式就是详细阐述每个人提出（他可以在书本中写下和提出）的某个观点或理论。当然，我们希望每个人都愿意考虑其他人的建议和批评。但是，思考正义的最终目的，是要在每个行动者自己心中最终形成一个观点，然后按照该观点去尽职尽责地行动，不管其他人怎么想或者说什么。

如果我们假设，对于每个人来说，关于正义的根本问题归根结底总是"我要做什么？"这个问题，那么那种梭罗式的或安提戈涅式的稳健就显得有点意义。然而，值得注意的是，如今，当一位哲学家形成一个关于正义的观点（例如，在移民、学校祈祷、福利供给这些问题上）并谈论"我将做什么"时，他所指的往往不是他作为一位个别行动者会做什么，而是，要是他掌管了整个社会，要是他的良心能够把我们都动员起来(这两个条件大概都实现不了),那么他会做什么。事实上,社会正义不是每个人都能按照自己的想法去实现的东西,而是我们必须一道去追求的东西。在洛克的理论中,我们之所以沉思"自然状态"这个观念,目的是要让我们自己确信某种与自然法相似的东西:"自然状态缺乏一种确定的、固定的、众所周知的法律,经过共同的同意被接受和承认为是非的标准"(II:124)。正如我们在第三章中看到的,通过那种以我们所有人的名义来可靠地进行的商议,那种公开正视我们的分歧、将它们作为一个社会选择问题用一个共同的观点来加以安置的商议,[90]我们也就只能到达这一点了———一部制定出来的法律,作为我们的法律而被持有、实施和执行,尽管对于它应该是什么我们仍有个别分歧。

　　我认为洛克认识到了这一点。我认为他把我们称为"我们的政治"———特别是我们的*立法政治*(以及与之相联系的选举政治)———的那种东西看作我们对正义的思考和分歧得以发生的主要论坛。正是在立法机构中,我们或者我们的代表就正义进行论辩;正是在立法机构中,我们对正义发生争执、对正义有了重新考虑、修改或刷新我们的正义感。正是因为这个缘故,洛克才把如此的重要性赋予立法机构。

　　回到我们所开始的对比并尽可能有力地提出问题:我相信并不存在罗尔斯提出的那种有趣问题———"如果制度是由已经在一套原则(甚至真实的正义原则)上取得一致意见的人们设计出来的,那么它们看起来会是什么样子?"①当然,只要我们愿意,我们

————————
① 这恐怕仍然是罗尔斯在其更晚期著作中的问题。他仍然把一个良序社会定义为这样一个"社会,在其中,每个人都接受同样的正义原则,而且知道其他每个人也接受同样的正义原则"(Rawls, *Political Liberalism*, 35)。人们可以从不同的角度得到正义原则。但实际情况是,如果一个社会(例如我们的社会)的成员在正义原则上发生争执,如果它的政治和立法必须容纳这种争执,那么它在罗尔斯的意义上就不是良序的。

就可以问这个问题(罗尔斯《正义论》的第二部分就被这个问题所占据),但是,甚至在一个理想的层面上,就制度设计而论,它也不是一个能够产生任何有趣答案的问题。我反而认为,作为一个学术难题,这个问题甚至产生了一个有害的建议:理想地说,政治不会受到党派冲突或意识形态冲突的污染,只是在次优的情形中,也就是说,在一个不如良序社会那样好的社会中,我们才不得已去思考如何处理一些令人不快的问题,例如在正义和权利上发生的争执。

对此,有人可能会反驳说,一位像罗尔斯这样的思想家不可能只是作为旁观者去面对正义问题上的分歧,只是仔细指出观点的多样性和分歧的程度等等。因为他是一位正义理论家。他是作为一位参与者、作为其他正义观念的毫不妥协的反对者而卷入这些分歧的。[91]在他自己对一个良序社会的规范理解中,他不可能为与其观点不符、从其观点来看纯属误入歧途的其他观点留下余地。如果作为公平的正义是作为一个正义理论提出来的,那么其原则就必须切实履行正义原则必须履行而且毫不妥协地履行的一切任务。

这个观点,作为思考正义的一种方式,当然是无可非议的。但是,作为思考政治制度的一种方式,我们应该对它有所疑虑。在政治上,我当然可以认为,持有一个特定的正义概念的那个党派正在与其对手作毫不妥协的斗争。但是,如果我的思考完全被我的实质性的政治信念所占据,那么我就不可能可靠地思考政治制度。为了思考制度和政治,至少有时候我必须愿意把我自己对正义持有的信念(不管我自己认为我的信念是多么真实或多么重要)看作只是其他信念当中的一套信念,而且要以一种相对中立的方式提出这个问题:对于我们需要一个共同的观点来处理的事情,像我这样的人可以与社会上其他人发生争执,既然如此,我们如何作为一个社会来处理这种争执?① 这就是立法的逻辑。它不是一种容易相处的逻辑,因为它要求一个人在很多时候要去分享和实施他自己并不持有的某个关于正义的观点。而且,我很乐于断言,确实就是在对这种可能性的承认中,而不是像罗尔斯那样在对这种可能性的否认中,洛克准备对立法机构说出这样的话:"这就是给予国民整体以形式、生命和统一的灵魂,正是因为有了这个灵魂,分散的[社会]成员才发生相互影响、同情和联系"(II:212)。

---

① 霍姆斯法官以其在"洛克纳诉纽约"一案中提出的观察而著名:"第 14 条修正案并没有颁布赫伯特·斯宾塞先生的《社会静力学》。"然而,更重要的是他由此得出的一个概括——宪法"是为持有根本上不同的观点的人民制定出来的"(*Lochner* v. *New York* [1905] 198 US 45, 75−76)。(霍姆斯[Oliver Wendell Holmes, Jr. 1841−1935],1902−1932 年期间担任美国最高法院副法官,他的很多观点对美国的法律观念产生了重要影响。斯宾塞[Herbert Spencer, 1820−1903],英国实证主义哲学家。——译者注)

第五章　亚里士多德的多数人

一

亚里士多德的《政治学》第三卷第十一章中有一段话,在当今对亚里士多德的政治哲学的讨论中,这段话尚未得到应有的关注。在民主理论和大众立法理论中,它肯定没有得到足够的关注。我想纠正这种忽视。实际上,本章的目的是要夸大这段话的重要性,用一种可能超越了原作者意图的方式来阐明它,以便可以从它对其他主题和段落的阐明中获益,而后者对亚里士多德的那项计划的重要性相比较而言无可争议。

我想到的这段话,是亚里士多德在《政治学》第十章一开始为了试图回答他就政治主权提出的一个问题时所说的:

> 对于国家的最高权力究竟如何,也是有所疑虑的。执掌最高权力的究竟是多数人,还是富有的人或优秀的人? 又或者,究竟是所有人中最好的那个人,还是一个暴君? 在这些可能性中,任何一种可能性似乎都会产生令人不快的后果。(《政治学》,65:1281a11)①

---

① 在本章中,我所引用的亚里士多德《政治学》的版本是斯蒂芬·埃弗森（转下页注）

在回顾了这样一些后果后,亚里士多德在第三卷第十一章中一开始就说,如下原则也许包含了一些真理:城邦中掌权的应该是多数人而不是少数优秀的人。他说(这就是我打算关注的那段话):

在多数人中,尽管并非每个人都是优秀的人,但是,从总体上来看而不是从个别人来看,他们聚集在一起也有可能优于少数最好的人,[93]好比多数人都集资操办的盛宴优于一个人出钱款待的晚餐。因为多数人中的每个成员都有一份卓越和实践智慧,当他们聚集起来时,他们就仿佛成为了一个人,多手多足,兼具多个感官,因此在品格和思想上也就很多样化。因此,在音乐和诗歌方面,多数人的判断优于单独一个人的判断,因为在他们当中,某个人理解了一个部分,另外一个人理解了另外一个部分,因此总体上他们就理解了整体。(66:1281a43-b9)

(接上页注)(Stephen Everson)编辑的剑桥版,前一个数字表示页码,后一个数字表示标准版(贝克版)的边码。(亚里士多德所说的多数人[*pleion*, *plēthos*]实际上是一个复杂的概念,因为它与亚里士多德的"公民"概念具有重要联系,但是,在亚里士多德那里,公民的概念并不是非常明确。一般来说,"多数人"指的是一个城邦中的多数公民,而不是指生活在一个城邦中的多数人口,其中包括外邦人和奴隶。一般来说,亚里士多德区分了对"公民"的两种理解:"绝对的或无条件的公民"(*politēs haplōs*)指的是在城邦中参与审判和审议事务的人,在每一种政体中,这个意义上的公民就是城邦中职位的拥有者;不过,某些其他人也可以在一种松散的意义上被认定为公民,例如,父母本来就是城邦公民的人原则上也是公民。当亚里士多德说多数人在一切政体中都有权威时,比如说在1294a11-14,他所说的"多数人"指的是绝对的或无条件的公民;但是,在认为民主制的本质就在于"多数人的控制"时,这里所说的多数人大概就不是指大多数绝对的公民。此外,值得指出的是,希腊语中"*epieikēs*"这个词具有"合适的"、"适宜的"、"公平合理的"、"能干的"、"正直的"、"高尚的"等含义,在这里,亚里士多德用这个词来描述城邦中担任公职的公民在与职位相关的事情上做得好,因此我们将它译为"优秀的",不过,读者需要在这个特定的意义上来理解这个说法。——译者注)

　　在这段话中,亚里士多德提出了(或者至少持有)一个主张,人们有时把它称为"总和论证"(summation argument)。① 鉴于我将在下面第五节中提出的理由,我不想使用这个名称,而是用"多数人的智慧学说"(doctrine of the wisdom of the multitude,以下简称"DWM")这个略微宏大的名称来称呼它。这个名称的优点在于,对于多数人的集体优越性的基础,它所提出的说法是不成问题的。

　　按照我的理解,这个主张是这样的。即使我们是在暂且把广大人民(一般的公民整体)对主权的要求与所有公民中碰巧最有能力、最好、最聪明的那个人对主权的要求相比较,我们仍然可以说人民的要求获胜。尽管人民当中的每个人在个别地考虑的时候都不如那个最好的人,但是,在被看作能够进行集体协商的团体时,人民可以做出更好、更聪明、更有能力的决议。因为他们具有每个人的知识、经验、判断和见识的优势,而这些东西可以综合成为集体的知识、经验、判断和见识的优势,相比较而论,一个最好的人就只能依靠自己的个人资源了。这样,出于我们的目的,我们可以对这个学说提出如下初步表述:

　　　　DWM1:作为一个团体来行动的人民,在将其知识、经验和见识集中起来的时候所能做出的决议,[94]优于该团体中任何个别成员按照自己的观点所能做出的决议。

　　实际上,这就是亚里士多德提出的那个主张的一个温和变种。一个更强的变种不仅面对君主政体来支持多数人,而且也面对贵族统治来支持多数人。但是,这种情况更难形成,因为一个贵族政体本身就可以得益于该学说的应用。考虑城邦中 10 个最好的人。

---

① 例如,参见 Keyt, "Aristotle's Theory of Distributive Justice", 270。

其中每个人尽管个别地看都优于公民整体中其余部分的每个成员，但与被看作一个集体的公民整体的多数人的智慧相比，就相形见绌了。不过，恰当的对比不是在人民和个别贵族之间做出的，而是在作为一个团体来行动的人民和由那 10 个贵族组成、也作为一个团体来行动的群体之间做出的。人民可以集中他们的知识、经验和判断，与此类似，那 10 个贵族也可以集中他们的知识、经验和判断。10 个最好的人的集体智慧大概高于随机地选出的 10 个公民的集体智慧，因为他们有更好的知识、经验和判断来集中。对于公民整体中按照才能来指定的任何一个子群体来说，大概也是如此。为了支持将主权扩展到多数人的做法，也就是说，为了支持一种民主选举权，我们就不能把主权者设想为任何这样的群体。①于是我们就得到了这个学说的强变种：

> DWM2：作为一个团体来行动的人民在将其知识、经验和见识集中起来的时候所能做出的决议，优于人民的任何一个子群体在作为一个团体来行动、并将其成员的知识、经验和见识集中起来的时候所做出的决议。

按照我的观点，不用说，这个强变种 DWM2 实际上更重要。雅典的政治辩论（《政治学》第三卷可以被认为对此做出了一个贡献）[95] 主要关系到民主制和寡头制之间的争论、多数人统治和少数人统治之间的争论，而不是关系到民主制和君主制之间的争论。按照我们当前对政治参与的主张的讨论，我们也必须用这种方式

---

① 参见科伊特的讨论（Keyt, "Aristotle's Theory of Distributive Justice", 271）："为了得到'多数人应该处于自由人所组成的任何其他群体之上的最高地位'这个结论，就需要一个更强的小前提，大概是说，城邦中的自由人聚集起来的价值，大于他们当中任何一个人的价值，或者大于他们当中任何其他群体（不管是实际的还是可能的，是大规模的还是小规模的）的价值。"

来构想这个争论。例如,在 19 世纪下半叶和 20 世纪头几十年,公民权在普遍选举权的方向上有了很大发展,我们在概念上很想弄清楚这件事情究竟是如何发生的。有了这种概念化,我们就可以认识到,在我们所熟悉的各种形式的民主制中,什么东西至关重要。在立法的情况下,我们很感兴趣在某些问题上把(按照多数决定来行动的)人民或者他们的代表的主张与一个司法精英团体的主张作比较。这样一来,最终也要用支持多数人的理由来支持该学说的第二个变种,即那个更强的变种。

不过,为了进行讨论,我将主要关注 DWM1。我想提出的一些要点关系到如何思考个体和城邦之间的关系,出于这个目的,DWM 的弱变种足以让这些重要问题变得一目了然。在以下大部分论述中,我不是在努力表明,DWM 在一种对宪政设计来说直接具有重要性的方式上是真的。我要考虑的是,对于我们理解亚里士多德式的政治哲学中的某些主题和问题,以及后者对于我们在哲学上思考大众立法所具有的间接含义,DWM 在理论上有什么重要性。

二

表面上看,DWM 的这两个变种都以一种比较为导向,那就是多数人和某个精英团体之间的某种比较。不过,值得注意的是(尽管我将不继续探究这一点),[96]该学说的每一个变种都可以被引向另一个方向,被用来支持一个排他性的主张——只有公民整体才应在立法中占据最高地位。我们知道,在谈论"广大人民"的时候,就像大多数雅典人一样,亚里士多德头脑里想到的并不是普遍选举权。DWM 中提出的那个主张是针对一个团体提出的,该团体本身就是雅典全体居民的一个亚群体:女人,就像儿童、奴隶、外国人等等,被恶名昭彰地排除在该群体外。多数人的智慧学说可以充当这种排除的一个标准：假设有两个公民团体，其中一个将某人排除在外，另一个团体则把那人包含进来，这两个团体都可以通过集中其成员的知识、经验和判断来做出决议，在这种情况下，如果前一个团体做出的决议优于后一个团体做出的决议，那么就有理由把那人从公民团体中排除。① 我不是在说这实际上就是亚里士多德有关将女人和自然奴隶从城邦中排除的观点之根据，② 尽管这个观点可能是一个有趣的原型，可以帮助亚里士多德提出他在《政治学》第一卷第二部分给出的那个论证。我们也应该记住，只有当 DWM 是用人民的名义提出的主权要求的唯一根据时，它才能以这种方式产生一个排除标准。事实并非如此；亚里士多德也指出了其他的理由，比如说，"把很多穷人从政府部门排除的一个城邦必然充满了敌人"（67：1281b30）。③

三

　　我们需要提出两个问题。第一，DWM 是不是真的，或者至少看起来是否足够合理，因此可以引人关注？第二，它如何阐明亚里

---

① 实际上，这个观点也有一个强版本和一个弱版本。按照弱版本，这个人被排除出去，当且仅当把他包含进来后得到的那个公民团体作为一个集体不太有智慧。按照强版本，这个人必须被排除出去，除非把他包含进来后得到的那个公民团体作为一个集体更有智慧。

② 然而，有趣的是，在表达自己对这个原则的模棱两可的态度时，亚里士多德指出，假若这个原则是以一种不加限制的形式来应用的，那么它就可以允许把动物（或者类似于动物的人）包含在城邦中："……天啦，在某些情形中它［这个学说］无法应用，因为这个论证对畜生也同样适用；在这种情况下就有一个问题：某些人与畜生有差别吗？"（Aristotle, *Politics*, 66：1281b16）。

③ 这句话出现在《政治学》第三卷第十一章，在这个部分，亚里士多德比较集中地讨论了民主制。他在这一章好像暗示说，人们希望得到承认，而一旦某些人剥夺了对他们的承认，那么二者之间就会滋生怨恨，结果就会在城邦内部产生敌人。亚里士多德似乎以此表明，一个政体还是应该允许那些受到排除的人以某种方式参与公共生活。这看来是他对多数人的智慧学说所提出的论证的一个方面。——译者注

士多德政治哲学的其他方面？我对第一个问题的探究将从考虑如下问题入手：亚里士多德究竟对 DWM 持有什么态度？［97］在引入这个学说时，亚里士多德显得有点犹豫不决："'多数人而不是少数最好的人应该掌权'这一原则看来很可能需要解释，它似乎包含某个困难、也许甚至包含了真理"（66：1281a40）。① 不过，亚里士多德在引入这个学说后就三番五次地提到它。其次，就这个学说是合理的而论，我想详细探究其合理性的根据，一方面是考虑亚里士多德自己的观点，另一方面也顾及我们可以调制出来的其他理由。

就第二个问题而论，我想开始扩展我们对这个学说之重要性的认识。表面上看，亚里士多德提出 DWM，是把它作为对如下观点的一个论证：多数人应该参与城邦的判断和协商。换句话说，我们了解到这个学说，一开始只是因为它出现在亚里士多德对制度设计的讨论中。不过，我发现，在一些超越了这一点的关注中，它也很有用；本章旨在与读者一道分享如下认识：这个学说对政治哲学具有更加广泛的含义。目前我只列举五个令人关注的领域。

前两个领域关系到制度设计和分配正义之间的关系。首先，这个学说阐明了亚里士多德正义理论中的一个重要概念——"优点"（merit）的概念。② 在亚里士多德的框架中，公民

---

① 埃弗森（我使用的版本的编者）在一个注释中指出，该语句的文本是"破损的"。（里夫把这句话译为："'多数人而不是少数最好的人应该有权威'这一观点看来会被持有，而在它涉及某个难题的时候，它也包含了某些真理。"Aristotle, *Politics*, translated by C. D. C. Reeve, Indianapolis: Hackett Publishing Company, 1998, pp. 82–83。——译者注）

② 亚里士多德大体上是按照城邦被认为要追求的目的或目标来划分政体或制度。比如说，寡头政治的目标是财富或财产，民主政治的目标是民众的自由或者他们希望通过自由而在身体需要方面获得的满足，而亚里士多德自己偏爱的理想制度则将生活得好作为目的。与此相应，不同的政体或制度也有不同的正义观：尽管它们都会一致认为，正义就在于按照一个人在取得相应的目标上所做出的（转下页注）

特权是根据优点来分配的。不过，在 DWM 中，我们有了一个与日常概念相比不太具有个人色彩的优点概念。其次，这个学说为亚里士多德在《政治学》第二卷第五章中就私人财产提出的规范论点提供了一个有趣的模型或样板。政治权力（参与权）可以被解释为一种虽为个人"拥有"、却被共同分享的东西，而对修辞、慎思和政治美德的论述则为"共同使用"提供了一个自然的解释。

[98]关于亚里士多德对个体和城邦之间关系的理解，我将探究的其他主题更为基本。第三个主题是这样的：如果我们假设，DWM 之所以发挥作用，是因为公民团体的成员通过彼此交谈而分享他们的知识、经验和见识，那么，对于"亚里士多德为什么会把有理有据地言说（reasoned speech）的能力看作人的政治本性之标志"这个问题，我们就有了一个自然的解释。第四，如果有人认为，亚里士多德式的政治理论取决于，假设在整个公民当中，已经存在着一种道德上的同质性或者伦理观念上的一致性，那么关于多数人智慧的论证就会对这种观点提出质疑。在我看来很明显的是，假若个别成员不把一系列分散的观点、角度、见识和经验引入集体决议中，这个学说就不会发挥作用。因此，思考一下如下问题就变

（接上页注）贡献，将政治方面的善（例如无条件的公民资格、在公职方面的参与、对于某些东西的政治权威等等）授予他，但是，由于不同的政体或制度具有不同的目的或目标，那种授予根据也是不一样的。例如，寡头制的执政者会认为唯有具有财富的人才有资格具有政治权威，民主制的执政者会认为所有自由的公民都以平等的身份参与执政和施政，而亚里士多德自己的理想城邦的执政者会认为政治参与必须以美德作为根据。鉴于此，主要是出于方便，在这里我们将把亚里士多德所说的"*kratos*"（一些英文本将它译为"merit"）译为"优点"。这个词在古希腊语中主要有"力量"、"长处"、"能力"等含义，不过，作为分配政治方面的善的根据，它主要是指与某个特定制度或政体的目的相联系、在某种意义上有助于促进这个目的的能力和才能。读者应该记住这个特定的含义。不过，我们将把后面提到的一个相关术语即"meritocracy"译为"贤能制"，指的是差不多完全按照个人的那种与政体的目的相应的能力和才能来分配政治权力以及其他相关的善的管理制度。——译者注

得很有趣:这个亚里士多德式的学说在什么程度上预设了对社会究竟是什么样子的一种多元主义乃至自由主义的看法(因此我发现该学说与我正在试图发展的那种对立法的多元主义论述意气相投)。最终,这个学说可能有助于我们理解亚里士多德在《政治学》第三卷第十三章提出的一些令人困惑的建议(例如,真正伟大的人不受法律制约、应被放逐)以及他的如下暗示:只有在那些在某种意义上平等的人当中,才有可能实现法治。

四

正如我说过的,亚里士多德在引入多数人的智慧学说时有点犹豫不决。他根本就不确信该学说能够明确地和最终地解决"多数人是否就是主权者"这一问题:"这个原则是否能够应用于每一个民主政体以及一切人类团体,是不清楚的。……不过,可能还是有一些人类团体,我们对之提出的说法是正确的"(66:1281b15)。

[99]亚里士多德说,他的观点取决于人民"不要过于卑屈"(67:1282a15);他在雅典肯定没有什么政治地位,但是,正如我们将看到的,这并不妨碍他去思考这样一种可能性:在一个城邦中可能有一个或少数几个具有杰出美德的人,其能力甚至超过了进行集体行动的其他人的能力——这样一个精英是"如此杰出,以至不论是在美德上还是在政治能力上,所有其他人都无法与之媲美"(71:1284a5—6)。

我将在第十一节中进一步讨论最后这个可能性。目前值得指出的是,在上述引文之后的一段话中,亚里士多德也用最强烈的方式暗示说,DWM 和一个服从于法治的政体这一观念之间的联系并不只是偶然的。这是因为,在提出了"人当中的一个神"(一个其智慧甚至超越了多数人的集体智慧的人)这一可能性之后,亚里士多德引出了下列推理：

> 因此我们就看到，立法必然只关系到生来就在能力上彼此平等的人；对那些超凡绝世的人来说是没有法律可言的——他们本身就是法律。（72：1284a11）

真正令人感兴趣的问题是，在亚里士多德对法治的讨论中，他愿意与 DWM 一道走多远。《政治学》第十章中一开始出现的那个问题，是在亚里士多德现实地承认如下这一点之后才出现的：即使法治而非人治才是最好的事情，我们仍然必须问谁来制定和管理法律。DWM 的逻辑看来最明显地适用于各种立法集会（它之所以在这里变得很有趣，也是因为这个缘故），不过，值得注意的是，亚里士多德也把它用于法律的实际应用，用来解决这样一个问题：当法律有着空白或者默不出声的时候，如何做出公平的判断：

> 在法律根本就不能（或者不能恰当地）裁决一个关键问题的情况下，是应该由最好的人来裁决，还是由所有人来裁决？按照我们目前的做法，[100]公民们举行审理各种问题的集会，参与判断、思考和决定，而且他们裁决的都是个别事例。现在，集会中的任何一个成员，单独而论，肯定都不如那个聪明人。但是，城邦原本就是由很多人构成的。正如由所有客人都筹资举办的盛宴胜于单独一个人出资举办的宴席，在很多事情上，一群多数人的判断要优于任何一个人的判断。（76：1286a24-31）

他也用这个原则来辩护雅典让城邦官员负责公民大会的做法。有人可能会反驳说，既然如此，有特殊能力担任地方行政长官

的人,就应该由与他们能力相当的人来选出和评价("就像一个医
生的业绩应该由其他医生来打分一样"),选举和评价只能严格地
由具有恰当知识的人来做出。尽管亚里士多德感觉到了这个异议
的力量,他还是继续说道:

> 不过,这些异议基本上可以用我们那个古老的答案来回
> 答:只要人民不要过于卑屈,即使个别地看他们在判断上不如
> 有专业知识的人,但作为一个团体,他们与后者一样好或甚至
> 更好。(67:1282a14)

DWM 是亚里士多德一开始作为一个猜测、略为犹豫地提出
来的,现在它则变成了"我们那个古老的答案",成为他在讨论政治
制度时反复出现的一个主题、一个不断的暗示,这确实很令人吃
惊。不过,亚里士多德提出了他的理由:

> 因为权力并不掌握在陪审员、议事人员或国民大会成员
> 手中,而是掌握在法庭、议事会或国民大会手中,而每个成
> 员——陪审员、议事人员、国民大会成员——只不过是其中的
> 一个部分而已。由于这个缘故,多数人可以宣称他们比少数
> 人具有更高的权威;因为普通平民、议事会、法庭是由很多个
> 人组成的,他们的全部财产加在一起就会比处于显赫地位的
> 某个人或少数人的财产还要多。(68:1282a34-41)

[101]不仅如此,这个学说也被当作一项根据,用来批评和分
析其他思想家的主张。因此,亚里士多德在《政治学》第四卷中说:

> [在民主制中]人民成为了君主,是一人之中的多者;多数
> 人并不是作为个人执掌权力,而是集体地执掌权力。荷马说

过,"由一个人来统治多数人并非好事"[《伊利亚特》,II 204],
不过,尚不清楚的是,在这样说时,他究竟是指多数人合而为
一的统治,还是指一个人单独进行的统治。(89:1292a10-
14)

　　因此,出于这些理由,把玩一下如下可能性看来就不是不合适
的:在亚里士多德对政治的整个设想中,多数人的智慧学说占据了
一个核心地位,而不是处于边缘地位。

五

　　不管这个学说占据什么地位,对于亚里士多德持有它的根据,
都可以提出一些问题。在捍卫 DWM 的时候,他有时提供的好像
不过是一种烹调隐喻,例如,"正如由所有客人都筹资举办的盛宴
胜于单独一个人出资举办的宴席,在很多事情上,一群多数人的判
断要优于任何一个人的判断"(76:1286a29-31)。实际上,这些隐
喻在第三卷这个部分随处可见。我们得知:"不纯的食物在与纯粹
的东西相混合时有时反而会使全部人更加健康"(67:1286b36),
"宴席上的食客比厨师更知菜肴的优劣"(68:1282a23)。稍后我们
再来考虑这两个隐喻。在那个主要的烹调隐喻背后隐藏着一个思
想,它看来就是下面这种思想的一个变种:对一场更加丰盛的筵席
出力的人越多,一场更加丰盛的筵席就越好。① 在第十节中,在讨
论这个观点与我设想的亚里士多德的多元主义的关系时,[102]我
会详细考察这些命题中的第一个命题。目前我想专心考察第二个

---

① 　不过,比较玛丽·尼克尔斯在其著作中所做的评论:"亚里士多德所说的那场由很
　　多人筹办的盛宴,其背景中就有阿里斯托芬在《妇女公民大会》(*Assembly of*
　　Women)末尾(1163-1182 行)所描述的那顿膳食:一顿胡乱拼配、结果令人恶心的
　　膳食"(Mary Nichols, *Citizens and Statesmen*, 第 195 页注释 20)。

命题。作为一个纯粹厨艺问题,人们可以争辩一顿家常便饭是否胜于一场精心策划的筵席。但是,就算后者确实更好,也还有这样一个问题:这个类比是不是适于理解一个民主的立法机构必须做出的那种决策?

亚里士多德使用的第二套类比(审美欣赏类比)为回答这个问题提供了线索。"在音乐和诗歌方面,多数人的判断优于单独一个人的判断,因为在他们当中,某个人理解了一个部分,另外一个人理解了另外一个部分,因此他们就理解了整体"(66:1281a43－b9)。这个类比似乎将我们引向议事会中针对决议而产生的争议的多样性特征。一个特定状况可以有很多方面,不管一个人多么聪明,我们都无法指望他注意到了所有的方面。议事会正在辩论是不是应该派一支远征军去西西里:一位公民也许熟悉西西里的海岸线,另一位公民也许熟悉西西里的军事能力,第三位公民也许了解航海远征的困难和代价,第四位公民也许了解军事失败的痛苦,第五位也许认识到了成功的军事入侵对一个民主国家的危险,等等。只要这些公民将他们的知识聚集起来,他们就有望对事情的前因后果获得最广泛的认识。

不同的人能够看到一个状况的不同方面,有趣的是,亚里士多德不仅把这一点与多方面的政治决策联系起来,还把它与对个别案例的公平判断联系起来:

> 人们需要协商的细节问题不可能都包括在立法中。没有任何人会否认这些问题必须由人来裁决,但是人们论证说应该设置很多裁决者,而不是只设置一位裁决者。因为每一位在法律方面受过训练的统治者都可以做出良好判断;[103]如果仅仅用双目看、用双耳听、用双手和双足行动的一个人,竟然优于拥有众多的耳目和手足的多数人,那么事情就显得很古怪了……(79:1287b23－28)

按照我的理解，亚里士多德在这里所说的是：如果立法在某些疑难案例中失败了，其本身也就失败了；之所以如此，恰好是因为这些案例有一个多方面的特征，对按照法规来分门别类的简单做法提出了挑战。一般的法律规则失败的情形就是这样一种情形：其中，一个人妄图获得一种对特定案例的所有方面或每个方面都有效的判断方式。这可能就是亚里士多德认为我们需要多双眼睛而不只是一双眼睛的那种状况。

不过，用这种方式来表达政策或具体判断的做法可能没有公正地对待亚里士多德的论述。到目前为止，我所强调的是很多个体对一种状况（一种需要对其做出一个政治决议或法律决议的状况）的很多事实方面的敏感性。但是，我认为亚里士多德的论证本来也可以应用于伦理判断或价值判断。

一个可能的解释（这个解释不完全是积聚事实知识的问题）是将亚里士多德的政治观点比作早年的密尔和晚年的边沁从功利主义立场对民主制的支持。当多数人聚集起来做出决定时，也许这样的事情就发生了：他们从彼此身上发现每个人的福利如何受到他们正在考虑的问题的影响，从而集体地将自己置于一个能够对整个社会效用做出判断的更好位置。一位商人也许没有意识到他起初想要支持的某个标准会对农夫的生活状况造成多大损害，直到他从农夫自己口中听到了这一点。

或者，这个过程比我描述的还要粗糙一点。不用担心协商：公民整体的每个成员可能都只是按照自己的自我利益来投票，因此，从社会效用的观点来看，这种集体决策程序（大概就是某种形式的多数决定）[104]就比该集体的任何个别成员"更聪明"。实际上，对多数人的智慧的这种粗糙的功利主义理解也有一个优点：它不仅为 DWM1、也为 DWM2 提供了很清晰的根据。如果社会效用就是智慧的标准，如果所有群体都根据"多数算数"原则来做决定，如果一切个体都完全是精确地为自己的福利投票，那么，由每个人构成的群体显然就比任何亚群体更聪明。①

然而，我并不认为这就是亚里士多德的观点，在听到这个说法的时候，读者可以松口气了。在第三章我已经用霍布斯来解读康德，但我现在不想用密尔来解读亚里士多德。不过，千万不要忽视功利主义论证的线索。我们必须注意亚里士多德提出的建议：政治是一门技艺，其产物恰当地说是由消费者来判断的，而不只是由技师来判断的：

> 在有些技艺行业，创作者自己并不是其产物的唯一的或最好的判官，不具备这门技艺的人反倒善于鉴别和评判；例如，房屋建造者不是唯一熟知房屋的人，房屋使用者——或者换句话说，房屋的主人——反倒能做出更好的判断，正如领航员比木匠更知方向舵的好坏，宴席上的食客比厨师更知菜肴的优劣。(67—68：1282a18—23)

有两种方式把这个建议与亚里士多德政治理论的那种一般来说并非功利主义的特征调和起来。一个可能性是，这个建议反映了亚里士多德的一个现实的和温和的观点：人们聚集在社会中，不只是为了生活得好（也就是说，不只是为了按照美德来生活），在某种程度上也是为了生活本身以及与生活相关的利益。[105]虽然"一个城邦是为了一种好生活而存在的，而不只是为了生活而存在的"(63：1280a32)，但同样正确的是，"人类也是为了生活本身而聚集起来并维护政治社会（而生活本身也可能包含了某个高贵的要素……）"(60：1278b25)。尊重政治社会的这个方面很重要，而认为食客的判断比厨师的判断更可取就是尊重（尽管只是部分地）这

---

① 记住，按照亚里士多德的观点，"整体不可能是幸福的，除非它的大部分、或者所有部分或某些部分已经享有幸福"(28：1264b18)。

种重要性的一种方式。因此,多数人肯定是一个更好的工具,因为按照定义,多数人本来就比优秀的人或者比任何精英团体要敏感得多。

另一个可能性是,那个听起来含有功利主义色彩的段落表达了这样一个明显的观点:即使亚里士多德对"好生活是什么"持有一个客观的理论,一个不受纯粹福利主义的演算所支配的理论,但它却是一个给予主观要素以很大分量的客观理论,也就是说,它充分考虑到了人们在过某一生活时的感受。即使令人愉快的生活不一定就是好生活,但反过来可能是真的。在《尼各马可伦理学》中,亚里士多德暗示说,好生活是一种快乐且令人愉快的生活,尽管是具有某种特征的快乐且令人愉快的生活。① 于是,在一个政治环境中,只要人们发现某些决议令生活对多数人来说在主观上变得很不愉快,这个发现当然就与对那些决议的道德品质的评价发生了联系。

六

即便如此,我认为清楚的是,在信奉多数人的智慧学说时,亚里士多德实际上承诺了(或者说,还承诺了)如下观点:在集体行动时,多数人做出的判断优于少数最好的人做出的判断——不仅仅是在事实问题上,在社会效用上,[106]而且(这一点最为重要)也是在价值问题和原则问题上,在无法按照个人经验来估算的好生活的本质上。传统上用来表示 DWM 的那个术语(即所谓的"总和论证")表明,那不外乎就是把每个人带到论证中的东西集聚起来。但是这样说可能有点用词不当,而且不只是在大卫·科伊特提到的那种方式上,因为那个说法只是暗示了对经验的一种随机

---

① 　例如,参见 Aristotle, *Nicomachean Ethics*, Bk. II, Ch. 9。

的、无序的收集；①甚至一个社会福利函数所要做的工作也比这要多。因此，那个说法令人误解，因为它暗示了一种纯粹机械的排序，而我则认为，亚里士多德想到的是某种更加综合乃至更加辩证的东西。在我看来，他的观点是，在多数人当中进行的那种商议，是把每个公民的伦理观点和见识原原本本地拿出来、以影响其他每个人的观点和见识的一种方式，这样他们就能相互阐明，从而为彼此间的询问和批评提供了一个基础，最终就可以让一个观点出现，而这个观点不仅胜于任何输入，也远远多于这些输入的单纯的集聚或集中。

实际上，这就是令我们的探究变得格外有趣的东西。我直观上认为，从政治哲学的目的来看，为多数人的智慧奠定基础并将它产生出来的那种过程，本质上类似于亚里士多德自己在其伦理方法论中所描绘的那个过程。想想《尼各马可伦理学》第七卷一开始讨论"意见"（endoxa）的那段话。在引入自己对自制和不能自制（akrasia）的讨论后，亚里士多德说：

> 就像我们处理其他问题的方式一样，我们处理这个问题的恰当方式，就是提出各种关于它的观点，然后首先回顾那些观点涉及的困难，最终把人们对这些精神状态［即自制和不能自制］普遍持有的一切看法确立起来——如果做不到的话，就把大多数最重要的看法确立起来；因为如果冲突的观点能够得到保全，而流行看法中仍有一些还站得住脚，那么真实的观点就已经被充分确立起来了。②

[107]亚里士多德的元伦理学中有一个根本假设：为了达到真

---

① Kyet, "Aristotle's Theory of Distributive Justice", 271.

② Aristotle, *Nicomachean Ethics*, Bk. VII, Ch. 1, 1145b1.

实的结论，从考察一个人听到的现存观点和看法入手优于完全先验地入手。通过认真考虑意见，甚至在它们彼此发生矛盾的时候也是如此，就能看到它们是不是可以彼此阐明，从而指出真理的各个方面。这个方法可能含有一个民主的维度（不妨这么说），而且不完全限于对公认哲学主张的研究。在《尼各马可伦理学》第一卷中，亚里士多德评论了各种关于"幸福"(*eudaimonia*)的观点，而上面提到的这一点从这些评论中就显示出来了。因为在简要地列举了那些看法后，亚里士多德评论说：

> 在这些观点中，其中一些观点为许多人和过去的人所持有，其他观点则为少数杰出的人所持有；看来每一个观点都不大可能全错，而是，至少在某个方面，甚至在大多数方面，它们应该是正确的。①

哲学家的工作——亚里士多德自己在《尼各马可伦理学》中所做的工作——就是要考虑共同的观点，用它们来彼此阐明，并揭示每个人都能对真理做出贡献的那些方面。亚里士多德自己的哲学方法就可以用这种方式成为很多人在集体协商时应该遵循的一个典范。他按照这个方法来谈论多数人的智慧学说本身，把它处理为"可以包含一些困难，但甚至或许也包含了真理"的一个共同观点，而这样做肯定不是一种恶性循环。

我说过，我想夸张一点，以便看到 DWM 在多大程度上可以被用来阐明亚里士多德政治哲学的其余部分。为了让你更有信心，我想表明，为了大致看到集体商议可以涉及什么，我们可以指望一位晚近的思想家，他倡导将多种多样的思想观念综合起来。[108]我想到的是约翰·斯图亚特·密尔在《论自由》第二章中的

---

① 　Aristotle, *Nicomachean Ethics*, Bk. I, Ch. 8, 1098b27−30.

论证的第三部分。回想一下,在捍卫言论自由时,密尔要求我们考虑如下可能性:首先,遭受压制的观点可能是真的,其次,它可能是假的,第三,它可能包含了部分真理,或者总体上说可以对某个真理做出贡献,而这个真理比目前公认的意见更加深刻或更为精确。就第三种可能性而言,请记住密尔是如何用卢梭对启蒙运动思想的贡献来作为一个例子:

> 请看卢梭的一些似是而非的论点如何像炸弹那样在一大堆片面的意见中爆发出来,迫使它的各个要素用一种更好的形式重组并添加新的成分,因而起到了有益的震撼作用。并不是当前的意见总体上比卢梭的意见更远离真理;恰恰相反,它们更接近真理,含有更多的正面真理,含有少得多的错误。不过,卢梭的学说中有流行的意见所缺乏的大量真理,它们卷在意见的洪流中与该学说顺流而下,等到洪水降退后成为留在后面的宝藏。①

我发现,在我自己心目中,当我在亚里士多德《政治学》中读到如下说法时,我就忍不住想起密尔的论证:虽然普通大众的愚昧可以使他们当中一些人陷入错误,使其中少数人陷入犯罪,但是,"当他们聚集起来时,他们的认识就变得相当好,而当他们与更好的阶级结合起来时,他们就有益于城邦(正如不纯的食物在与纯粹的东西相混合时有时反而会使全部人更加健康)"(67:1281b35－37)。

玛丽·尼克尔斯在其最近对 DWM 的讨论中抱怨说,亚里士多德并未注意到需要有一个人去实际从事这种综合工作,[109]这人(按照我的论述)对各个有所贡献的观点所做的,就类似于《尼各

---

① Mill, *On Liberty*, 57.

马可伦理学》的作者对意见所做的："一部音乐作品或一部诗歌不只是其各部分的总和。谁是去判断或欣赏整部作品的那个人呢?"①事实上,我认为她低估了我们在真正的对话(对照单一作者的那种虚假对话,在这种对话中,尽管作者考虑了"几个观点",但仍然总是按照自己的措词和表述去考虑这些观点)中可以持有的自信。在这点上,密尔又给予我们一臂之力。考虑他在《论自由》中对多种多样的思想观念的综合提出的建议。密尔论证说,在由一位单一的思想家严密控制的对话中,有些问题大概是很难得到解决的:

> 在生活中重大的实践关注上,真理在很大程度上就是调解和结合各个对立面的问题,而很少有人能够具有足够恢宏公正的心胸,把这个问题调整到接近正确的地步,因此,只有通过交战双方在敌对旗帜下所展开的一场粗野斗争,真理才有可能在这个过程中展现出来。②

按照这个论述,不存在一个进行综合的主要人物实际上可以是一个优势。当然,最终出现的观点是由某个人(我们希望是由所有人或绝大多数人)来持有的。③ 不过,就在意见上取得一致而论,可能有一些东西是在公开讨论中"出现"的,而不是主动谋划出来的。当然,密尔的关切在目前的环境中无疑过时了,但这不是无视如下事实的理由:他所描述的那个过程恰好就是亚里士多德在其非贵族政治模型中所思考的那种可能性。

---

① Nichols, *Citizens and Statesmen*, 66.

② Mill, *On Liberty*, 58.

③ 不过,参见我在如下地方的讨论:Waldron, "Legislative Intention and Unintentional Legislation",特别是第 346-348 页;亦可参见 Waldron, "Religious Contributions in Public Deliberation", 836-837.

七

我现在要考虑 DWM 对于我们理解亚里士多德政治哲学中某些核心论题所具有的更广泛的含义。[110]我将讨论的第一个论题是亚里士多德对政治权力的看法和他的贤能制(meritocratic)的正义理论之间的关系。

我们很容易忘记,亚里士多德在《政治学》第三卷中间几章提出的论证,是作为《尼各马可伦理学》第五卷中所阐明的分配正义理论的一种应用而加以介绍的。(实际上,这个论证恰好关系到我们在亚里士多德著作中所发现的该理论的唯一持久的应用。)在《尼各马可伦理学》中,我们被告知,"人人都同意,公正的分配必定就是按照某种意义上的优点来进行的分配,尽管他们并没有对优点提出同样的说法。"①在《政治学》第三卷中,亚里士多德试图把这个学说应用于一种很重要的善的分配,即公职的分配,而在他眼中,"公职"就是"光荣的职位"(65:1281a30)。为了对这种善进行分配,亚里士多德必须讨论"什么东西应该算作优点"这个问题,这个讨论很好地预料到了现代关于相关理由的道德学说。②"有些人会说,公职应该按照无论什么样的卓越表现来不平等地加以分配",这里所说的"卓越表现"包括在财富和出生方面的卓越表现(69:1282b23);不过,亚里士多德并没有把这个观点当真。他论证说,那就类似于说我们应该按照一个人是不是长得漂亮、是不是勇敢来安排一个管弦乐队成员的位置,但是,在进行这种安排时,我们事实上只应考虑:对于将管弦乐队组织起来的那个目的(造就

---

① Aristotle, *Nicomachean Ethics*, Bk. Ⅴ, Ch. 3, 1131a.
② 参见 Williams, "The Idea of Equality", 第 239 页及以下,以及 Gutman, *Liberal Equality*, 第 96 页及以下。

一场杰出的演出），一个成员是否能够立即做出杰出的贡献。同样，一个人是否有资格得到一个公职，只应取决于他有没有国家规定的该公职所要求的素质。

就"优点"的意义而论，有一个略微不同的问题。这个问题不是关系到优点的要素或标准，而是关系到它究竟是一个什么样的概念。① 优点，是否就像我们现在所说的"应得"（desert）一样，[111]是一个本质上向后看的概念，与一个人的过去行为的道德品质相称？它是不是像（举个例说）我们在颁发奖励和荣誉、在分配报应性惩罚时所使用的"应得"概念？抑或，对亚里士多德来说，它是一个向前看的概念，表明一个人在未来履行一项任务的能力？向后看的观点在《尼各马可伦理学》中得到了一些支持。在讨论"自尊心"时，亚里士多德观察到，"应得是相对于外在善而论的；其中最大的善应该说就是我们给予神的东西，就是有地位的人们最想追求的东西，就是给予最高贵的行为的奖励；这就是荣誉。"②荣誉，作为"给予最高贵的行为的奖励"，肯定有一种向后看的味道；我们不应忘记，在《政治学》中，亚里士多德是把政治参与这种善作为一个荣誉问题来阐明。③

即便如此，我认为有价值的是那个向前看的观点。该观点肯定就是管弦乐队的类比所要暗示的：管弦乐队成员在其中所占据的位置，是按照他们是否将有能力演奏得好来分派的，而不是按照他们在过去是否能够演奏得好来分派的。过去的表现也许是未来的能力的证据。但是，它是优点的证据，而不是优点本身。

---

① 感谢大卫·吉尔（David Gill）在这个段落以及下面几个段落中就这个论题与我进行的几次交谈。不过，他的观点与我的相反。

② Aristotle, *Nicomachean Ethics*, Bk. IV, Ch. 3, 1123b16—20（我的强调）。

③ "那么，优秀的人就应当统治并具有最高权力吗？但是这样一来，所有其他人就会因为从那种权力中被排除而与荣誉无缘。因为城邦的公职就是荣誉职位；如果一群人总是占据那些职位，那么其他人就必然被剥夺了那些职位。"（65：1281a30）

现在,假若我们对优点采取向前看的观点并把它与 DWM 结合起来,我们就得到了一个相当惊人的结果。优点不仅不是一个向后看的概念,甚至不一定是一个具有个人特色的概念。DWM 的作用,正如大卫·科伊特所指出的,在于允许我们可以把亚里士多德在讨论正义时所说的同等应用于不同群体,而不仅仅是应用于不同个体。[①]

考虑两个人布朗和琼斯,前者具有适度的美德、但在判断上缺乏想象力,后者在政治美德方面格外卓越。从他们各自的个人能力来看,琼斯比布朗值得拥有更高的公职,[112]而且,就布朗本人来说,也许他根本就不配拥有任何公职。然而,假若我们把 DWM 应用到一个包含他们两人的公民整体,他们两人对公职的要求就可以是同样的。一个包含布朗和琼斯的群体可能在总体上比琼斯本人更聪明,或者比只是由琼斯及其同辈构成的任何群体更聪明。假设有两个公民群体 C_J 和 C_B,前者包含琼斯但不包含布朗,后者包含布朗但不包含琼斯,那么 C_J 肯定在总体上比 C_B 上更聪明。然而,如果 C_J 在集体智慧上不如一个包含他们两人的群体 $C_{J\&B}$,那么,就政治职位而论,琼斯和布朗之间在优点上的差别(这个差别就是 C_J 和 C_B 之间在集体智慧上的差别的根据)就是无关的。既然那个相关的职位就是在 $C_{J\&B}$ 这个集体决策团体中的成员资格,它就应该被平等分配。因此,在这种情况下,一个人的优点就取决于他可能作为成员的那个群体的集体政治能力。

我发现这是一个饶有趣味的结果,尤其是因为它阐明了当今在学术雇佣方面对优点和多样性的讨论。我们当中很多人

[①]   科伊特写道:"这个论证的策略就在于把分配正义原则应用到集体地以及个别地看待的人。若用现在的函数符号来表述这个原则,这个策略就允许个体变量 x 和 y 不仅可以分布在个别自由人之上,也可以分布在由他们所组成的群体之上。"(Keyt, "Aristotle's Theory of Distributive Justice", 270)

都支持平权法案（affirmative action），①因为我们认为，如果一个政治学系或法学院具有多种多样的成员，而不只是由一群在才能和个性上都相似的人构成的，那么它就能更好地履行自己的使命。按照我对亚里士多德的论证提出的论述，平权法案仍然可以被认为是一种按照优点来进行的分配，只不过我们的起点现在是一个总体上加以考虑的院系的优点。这样，特定个体对某个学术位置提出的正义主张就来自这种以优点为根据的正义主张，后面这种主张可以用他们在获得任命后可能属于的群体的名义来提出，而不是直接按照任何可以被看作"他们自身的"优点的东西来提出。[113]因此，当我们在某个教职的两位候选者之间进行选择时，我们就应该这样来做出决定：把该院系在包含了其中一位的情况下将会具有的优点，与它在包含了另外一位的情况下将会具有的优点进行比较。假若我们是按照一个不言而喻的假定（他们每个人都是在按照自己的意愿行事）来比较他们的个别优点，那么我们得到的结果就不同了。

八

尽管亚里士多德谈到"多数人"或"普通大众"，但这个类的成员更可能是按照个人的参与资格（这种资格仅以每个人作为一位公民的地位为基础）来进行思考。然而，只要民主制的根据就是

---

① 美国在 20 世纪 70 年代以来所采取的一项积极措施，旨在通过保证教育和就业机会的平等来纠正过去的歧视性政策的结果。这项措施在学界引起了很大争议，例如，加利福尼亚大学最近就宣布取消这项措施，不过大多数大学仍加以坚持。对于平权法案在美国的发展历史的一个有趣论述，参见 Terry H. Anderson, *The Pursuit of Fairness：A History of Affirmative Action*, Oxford：Oxford University Press, 2004。——译者注

DWM,个人就必须负责任地行使自己的参与资格。在这里,这个观点与亚里士多德的财产理论形成了一个有趣类比。①

在讨论财产时,亚里士多德打算在两种做法之间实现一种妥协,其中一种做法是拒斥柏拉图的共产主义,另一种做法则试图保证共同分享财产的做法在社会和伦理方面的一些优势:

> 财产在某种意义上应该公有,但一般来说则是私有的。……不过,出于善意,在财产的使用上,正如一句谚语所说,"朋友会分享一切"。……因为尽管每个人都有自己财产,但他很愿意让朋友来处置一些东西,并与他们一道分享其他东西。……如果财产应该是私有的,但其使用是公共的,那么事情显然就会变得更好;立法者的特殊使命就是在人们当中培养这种慈善倾向。(26:1263a25-35)

不清楚在谈论共同使用私有财产的时候、亚里士多德实际上想到了什么具体的安排。[114]他的例子主要涉及在关系紧密的朋友圈子中分享私人赠品,这种事情在每一个私人财产体制中都会发生。古代斯巴达人有一个习惯:旅行者在旅途中每个地方都可以得到供应品(26:1263a35),除了这个习惯外,在亚里士多德提出的例子中,并没有什么特别公共的东西(在整个城邦的意义上)。

然而,如果我们转到政治财产,也就是说,转到由政治参与权所构成的那种可以分配的善,我们就能完全理解"公共使用"的思想。一个人的参与权在某种意义上就是其私有财产。不过,这种权利分配的根据对个人提出了这样的要求:在利用这项财产时,他们不只是为了促进自己的目的,也是为了能够以某种方式对他们所属的群体或多数人的卓越判断做出贡献。虽然每个人都有一项

---

① 本节的论证受益于与吉尔·弗兰克(Jill Frank)的多次交谈。

个别的权利,但该权利的恰当使用涉及一种本质上的集体行使。当然,有可能的是,多数人的参与权可以被每个人解释为一个纯粹个体主义的机会:"现在我可以投我的票。现在我可以保护我自己的利益。让其他每个人都自己管自己吧。"但是,除非我们认为DWM是在纯粹功利主义的基础上得到保证的,否则这种态度就显得不太合适。参与权的逻辑不仅要求多数人当中的个别成员要负责任地行使自己的表决,也要求他们在行使自己的表决时应该有意地与其他人发生相互作用,以便议事会中的最终表决会将一种综合反映出来,而这种综合不只是各个构成部分的简单集聚。

因此,每个人都必须用一种能够与其他人交流、能够倾听其他人并对自己所说的东西进行反思的方式,把自己关于"善"的经验和意见带到议事会中来。[115]罗纳德·贝纳尔(Ronald Beiner)在其《政治判断》中把修昔底德(Thucydides)提出的一个有趣评论视为座右铭:"一个对任何事情都形成判断、却不能向人们清楚地说明自己的人,很可能从未思考过有关事情。"①政治财产的公共使用要求特定的美德——说明一个人自己观点的技能,倾听其他人观点的技能,以一种扬长避短的方式让这两种观点发生相互联系的技能,说明自己为了其他人的利益而已经取得的那种尝试进行综合的技能(当然,其他人也在作类似的练习)。这些技能都是从事移情活动的技能,但是,正如贝纳尔提醒我们的,它们也是使用修辞的技能。② 它们给我们带来了我想引出的那个联系(大概是最重要的联系):多数人的智慧学说和亚里士多德的一个主张——有理有据的言说或者说逻各斯(logos)就是人的政治本性的核心——之间的联系。

---

① Thucydides, *History of the Peloponnesian War*, Bk. II, Ch. 6;转引自 Beiner, *Political Judgment*, 83。

② Beiner, *Political Judgment*, 83.

九

卢梭的《社会契约论》中有这样一个建议：即使"公民们互不交流"（也许特别是在他们互不交流的情况下），也可以指望普遍意志出现。[①] 相比较，对亚里士多德来说，只有当多数人"聚集在一起"（这是他反复使用的一个说法）时，[②]他们能够具有的那种智慧才会出现。他们集会的机构就是议事会（*ecclesia*），他们集会的媒介就是言说。

在本章一开始我就说过，我将采取一种有启发的夸张的做法。但是，也不能高估 DWM 和亚里士多德[116]在《政治学》一开始提出的那个主张（言说能力就是人的政治本性之标志）之间的联系。

> 现在，明显的是，与蜜蜂或其他群居动物相比，人更是一种政治动物。自然，就像我们通常所说的那样，不会做徒劳无益之事，人是唯一具有言说天赋的动物。单纯的声音可以表达苦乐，因此在其他动物那里也可以见到（因为动物由于其本性可以感觉到苦乐并互相暗示，此外就没有什么别的东西了），而言说能力乃是旨在表达利弊，因此就能表达公正的和不公正的事情。（3：1253a8−14）

这段话有很多含义，其中一个含义是，它直接削弱了对 DWM 的任何粗糙的功利主义解释。如果集体智慧仅仅是个人效用的各

---

① Rousseau, *The Social Contract*, Bk. II, Ch. 3. 但是，可以表明卢梭所说的"交流"就是指派系斗争的形成。（感谢保罗·托马斯[Paul Thomas]向我指出了这一点。）
② 参见 Aristotle, *Politics*, 66：1281b1 以及 1281b5。

种表现方式的集聚,那么多数人可能就不比因快乐而咕噜叫、因痛苦而尖叫的动物高明多少。

但是,我想强调的那个联系是在对立方向上发挥作用。如果政治在典型的情况下就在于君主政体,在于由最有效的人来实施统治,那么这种言说能力就显得很多余了——至多只是作为表示决议和命令的一种载体。言说是人的政治本性的标志,因为言说就是政治得以发生的媒介。既然政治就是在言说的媒介中发生的,它就必然是在一个多元性的媒介中发生的——也就是说,是在这样一个情景中发生的,其中有许多说话者,而每个说话者都会对一场交谈贡献出其他说话者自身并不具有的东西。

霍布斯一度可耻地认为,人的言说能力是人与社会天生不相适应的标志。按照他的观点,把人与蜜蜂和蚂蚁等动物(对此,霍布斯错误地认为亚里士多德把它们列为政治动物)区分开来的东西就是:

> [117][蜜蜂和蚂蚁]没有某些人所具有的那种语词技巧,可以对别人把善说成恶、把恶说成善,并夸大或缩小明显的善恶程度,恣意使人不快,捣乱和平。①

因此,有些人会忍不住认为,与霍布斯相比,亚里士多德的观点必定是,言说就是这样一种媒介,在其中我们可以分享一个关于善或正义的观点。霍布斯认为言说本质上会造成不和;而亚里士多德必定认为,言说是一种将《尼各马可伦理学》第九卷第六章中所讨论的那种友好的一致同意表达出来的自然媒介。② 事实上,按照这些说法去阐述亚里士多德和霍布斯之间的对比乃是一个错

---

① Hobbes, *Leviathan*, 119—120 (Ch. 17).
② Aristotle, *Nicomachean Ethics*, Bk. IX, Ch. 6, 1167a.

误。在不睦和一致之间还有争论和补充：不同的观点在商议中汇集，最终就可以动态地促成一种新的综合。对亚里士多德来说，言说不只是众口一致地吟颂关于正义的真理；言说在于对话，在于在议事会上进行争辩，在于清晰明白的讨论，而这就是我们发现亚里士多德的著作本身所展现出来的那种辩证法。

换句话说，对亚里士多德来说，政治是一种真正相互依赖的东西。在政治生活中，若没有其他人，也就没有任何人能够获得认可；而如果言说仅仅在于每个人对一种预先规定好的一致同意发出一个声音，那么我们好像就不需要其他人了。在《政治学》第一卷中，为了表明个体依赖于城邦，亚里士多德要我们去思考，假若整个身体都被摧毁了，一只脚或一只手看起来还会是什么样子（4：1253a21）；在第三卷中，他用多足、多手、多个感官的类比来描绘多数人的智慧（66：1281b6）。他的这些做法可谓意味深长。

因此，我的建议是，DWM 模拟或示范了我们作为能够说话的存在者的本性。人人都能相互交流经验和见识，人们的经验和见识通过这种交流得到相互补充，[118]当相互交流在一个共同体中通过致密的相互作用发生时，作为一个整体的群体由此就可以获得一定程度的智慧和实践知识，而后者甚至超过了最优秀的个别成员的智慧和知识。我不想把这个夸张推得太远。我不想说《政治学》第一卷中的那个学说——言说就是人的政治本性之标志——暗示了对民主制的一个直接的、本质主义的论证。但是，第一卷中那段话确实表明，DWM 的逻辑对亚里士多德在《政治学》中的整个论证至关重要：当人民以集体的方式聚集起来参与政治决议时，与他们只是逐一地依靠自己的个人才智相比，他们在自己的实践思维上会表现得更加出色。在第三卷第十一章的语境中，DWM 所做的事情，就是把这个思想推到极端。

十

上一节我说过,如果我们把 DWM 与"言说就是人的政治本性之标志"这一思想联系起来,那么我们就可以看到,亚里士多德式的政治不可能只是对共享的观点的全体一致的重复。言说是多样性的一个标志,它表明我们可以互相学到一些独特的东西。①DWM 因此就把我们引向亚里士多德在《政治学》第二卷中对柏拉图式的统一的批评,引向他自己对差异性和多样性的强调。"城邦本质上就是多样的,……它不仅是由很多人组成的,还是由不同类型的人组成的;因为相似的东西并不构成一个城邦"(21:1261a18—25)。

在这里,差异并不仅仅在于我们每个人都有自己的生活要过,因此,任何一个合理的公共利益的概念都必须考虑我们自己的特殊需要。在这里,我们在某种程度上是在谈论一种相当于在知识或理解上的劳动分工的东西,[119]在阿奎那对这些思想的发展中,这一点显得特别突出:

> 人……只有按照一种一般的方式,才能对生活必需品具有一种自然的知识。既然人被赋予了理性,他就必须利用理性从普遍原则过渡到对于什么东西与其福祉特别相关的认识。然而,不管如何进行推理,没有任何一个人能够获得一切必要的知识。而是,自然已经注定人必须生活在社会中,以便与同伴进行劳动分工,每个人都可以致力于研究某个科学分

---

① 正如玛丽·尼克尔斯所说,"正因为大众的成员有不同的东西贡献出来,他们才对统治权有一个公正的要求。亚里士多德把异质性(heterogeneity)的价值传授给民主党人,这样他们就可以捍卫他们对政治参与的主张"(Nichols, *Citizens and Statesmen*, 66)。

支,一个人追求医学,另一个人追求某个别的科学,等等。这
一点在如下事实中进一步显示出来:唯有人才有言说能力,而
一旦有了这种能力,他们就可以相互传递其思想的完整
内容。①

此外,我们还可以谈论辩证差异,即一种与单纯的补充相对立
的东西。在前面,我已经把 DWM 与亚里士多德对待意见的方式
作了比较,这个比较表明,如果某个多数群体的成员彼此努力将对
方不一致的伦理观点揭露出来,并以一种辩证的方式去深化他们
的道德意识,那么他们就可以比某个优秀人物更有见识。

因此,我们很难同意阿拉斯戴尔・麦金泰尔(Alasdair MacIn-
tyre)提出的主张:亚里士多德式的政治共同体"是因为对'善'持
有一种共同认识而充满活力"。② 如果我的预感成真,那么我们应
该指望的是,在亚里士多德的城邦中,公民对"善"持有的观点,至
少就像《尼各马可伦理学》中作为意见来讨论的那些观点一样多
样。当然,这也是常识告诉我们的东西。亚里士多德并没有通过
自己的想象力用魔法将冲突的意见召唤出来。那些观点就是人们
日常持有的观点,尽管其中一些观点是普通人的,一些是哲学家
的,一些是政治精英的。亚里士多德并没有暗示说,人们会指望一
个好的社会所展现的东西还不如《尼各马可伦理学》处处显示出来
的那种在伦理观点上的多样性。事实上,这种多样性恰好被亚里
士多德用来作为他自己的辩证智慧的起点,[120]而且,在我看来
它也形成了在政治协商中调制出来的多数人的智慧的基础。

亚里士多德的确早在《政治学》中就说过,在所有动物中,唯有
人才会认识到善与恶、正义和不义,而且,正是因为人们在这些事

---

① Aquinas, *On Princely Government*, Bk. I, Ch. 1.
② MacIntyre, *After Virtue*, 146.

情上能够分享一个观点，一个城邦才得以构成（3：1253a18）。但是，紧接这段话的是亚里士多德对人的言说能力的讨论，这个事实至少具有双方面的作用。按照我的理解，这段话表明，即使我们可以分享一个关于"善"或"正义"的观点，也必须用一种动态的方式来理解我们是如何具有这个观点的，也许我们可以把它理解为相互交谈的结果，而这种交谈预设了我们是从不同的起点来进行对话。因此，麦金泰尔这样做就是令人误解的：他按照"一种形式的社会秩序"来表达自己的见解，而这种社会秩序的"共同的生活方式已经表达了其公民对'最好的人类生活方式是什么？'这一问题的集体回答。"①他也错误地暗示说，如果我们确实通过慎思达到新的伦理结论，那只能是因为我们从共同的前提出发。② 亚里士多德自己在伦理学中的方法并未暗示任何这样的假定，而且，正如我正在表明的，他的政治学也是如此。

　　我想做出的最后一个联系来自亚里士多德在《政治学》第三卷第十三章中的讨论，在那里，亚里士多德问道：假如 DWM 在一个特定社会中不成立，那会怎样？ 毕竟，"如果人民因为比少数人更强大而要掌权，那么，要是有某个人或多于一人但少于多数人的某些人比多数人更强大，统治权就应该交给他们，而不是交给多数人"（71：1284a4—11）。这个观点来得并不奇怪：我们知道，亚里士多德准备在某些情况下支持贵族制或君主制。

　　[121]然而，令人惊奇的是他在一两段话之后提出的断言：假若有一个人对 DWM 构成了一个反例，我们就可以公正地或恰当

①　MacIntyre, *Whose Justice? Which Rationality?*, 133.

②　Ibid, 134.

地认为那人不是城邦的一部分：

> 然而，假如有某个人或者多于一个人，即使不足以构成一
> 个城邦的充分编制，却具有如此显著的优秀品质，以至于所有
> 其他人在优秀品质或政治能力上都无法与之媲美，那个人或
> 那些人就不再可以被视为城邦的一部分了；因为若把他们与
> 那些在优秀品质和政治能力上都不如他们的人平等看待，就
> 未免有失公正。这样一个人可以真正被看作多数人当中的一
> 个神。（71：1284a4－11）

在我目前这种兴奋的状态，我会忍不住把这段话与亚里士多
德在《政治学》第一卷中做出的一个强调联系起来，而听到这一点
的读者想必也不会感到惊讶。在提出这个强调的时候，亚里士多
德接下来就要开始讨论言说了。他说，假若一个人无需生活在城
邦中就能幸存下来或者过得很幸福，那他要么是兽要么是神——
"人天生就是一种政治动物，在本性上而非偶然地脱离城邦的人，
要么是一个糟糕的人，要么就高居人类之上"（3：1253a2）。如果一
个人甚至比集体地行动的其余人还要优秀，如果无需言说和对话
他就像具有言说和对话的多数人一样好，那么他就有了一个卓越
的本性，但不是一种政治本性。他是多数人当中的一个神，因为他
不需要具有言说能力。从一个观点来看，他是一个理想的君主；从
另一个观点来看，他就像（正如阿伦特认识到的）比利·巴德（Bil-
ly Budd）[1]一样，是世俗政治的对立面。[2]

亚里士多德并没有把问题留在这里。尽管他在第十五章中说

---

① 19世纪美国伟大作家赫尔曼·梅尔维尔（Herman Melville）同名小说中的人物，梅
尔维尔试图通过这部短小而复杂的小说来发掘一些政治含义。——译者注
② 参见 Arendt, *On Revolution*, Ch. 2.

"立法者必须是最优秀的人"（76：1286a22），但是，就在"多数人当中的一个神"这句话后面，有一段话这样说：

> [122]因此我们就看到，立法必定只关系到那些在出身和能力上平等的人；对那些超凡绝世的人来说是没有法律可言的——他们本身就是法律。谁尝试为自己立法就会受到嘲笑。（71-2：1284a4-14）

我们不知道该如何来理解这段话。亚里士多德的要点好像关系到法治：虽然"多数人当中的神"应该立法，或许他不应该用他制定的法规来约束自己。亚里士多德把神性和兽性的形象与无政治含义的（apolitical）本性联系起来，而这两种形象这时候采取了另一个转向："崇尚法治的人可以说是只要求用神和理性来进行统治的人，而崇尚人治的人则在其中惨入了几分兽性"（78：1287a30）。这是我目前还没有想明白的。

甚至更难领会的是亚里士多德对陶片放逐法的评论。① 在第三卷第十三章，他不是很认真地考虑了如下想法：对真正优秀者的放逐——把他们从他们所高出的城邦中驱逐出去——"乃是基于一种政治正义"（71：1284b17）。这些人不可能受制于法律，就像亚里士多德所说，他们本身就是法律。但是这一点不会对所有的理由都有效，尤其是，尽管他们比多数人都优秀，他们也"不足以构成一个城邦的完整编制"（71：1284a5）。这样一个或这样少数优秀的人，尽管在道德上是自足的（self-sufficient），也不具有与政治共同体相联系的那种完整的自足；②他们需要与其他人一起生活，却

---

① 古希腊用投票方法将危险人物和不受欢迎者逐出国外五年或十年，并把票数记在贝壳上或陶片上。——译者注
② 关于城邦的自足，参见 Aristotle, *Politics*, 3：1252b30。

不能从与后者的交谈中获益。另一方面，那些其他人若放弃他们的优秀所带来的好处就会成为傻瓜，即使这可能意味着否认他们自己的政治本性的功效。

第三卷中的讨论于是就以一些毫不令人满意的宽慰而结束，例如，"最优秀的政体必定是由最优秀的人来治理的政体"（81：1288a34）；"整体自然地优越于部分，而具有这种卓越的人就处于整体与部分的关系关系之中"（80：1288a25－26）；[123]"将这样一个人杀害、放逐或流放，或者要求他心悦诚服地服从管制，肯定不是正确做法"（80：1288a24－25）。果真如此吗？恐怕更加可取的结论，就是第三卷第十六章中的那个结论——那个用言说的力量来维护和顾及集体逻辑的结论：

> 正如我以前所说，如果优秀的人因为更加优秀而有权成
> 为统治者，那么两个优秀的人就会优于一个优秀的人。古
> 诗云：
>> 两人同行，
>> 又如阿伽门农的祈祷：
>> 愿得良谋十人！①

---

① Aristotle, *Politics*, 79：1287b12－15. 引文各自来自《伊利亚特》第10卷224行和第2卷372行。

第六章　同意的物理学

一

[124]我认为,值得注意的是,在我们传统中,到目前为止,对多数决定原则所做出的持久讨论是多么少——在这里我指的是对其本质、基础和辩护的持久讨论。在亚里士多德那里有一行文字(《政治学》,144:1317b5),在《利维坦》中有几句话,[①]在洛克的《政府论·下篇》中有一页(II:96-98),在卢梭的《社会契约论》中有一些诱人却含糊其辞的评论。[②] 这些东西,作为他们对多数原则的利用所做的哲学捍卫,都不甚令人满意,尽管正如我们即将看到的,在霍布斯和洛克那里有几句话可以为一个令人满意的论述提供起点。[③]

相比较,在 18 世纪晚期孔多塞——就是玛丽-让-安托万-尼古拉·卡里塔·德·孔多塞(Marie-Jean-Antoine-Nicolas Caritat de Condorcet)——的著作中有很多的东西,而在 20 世纪政治科学

---

① Hobbes, *Leviathan*, Ch. 16.

② Rousseau, *The Social Contract*, Bk. I, Ch. 5 and Bk. IV, Ch. 2.

③ 肯德尔对这种局面有一个诊断,见 Kendall, *John Locke and the Doctrine of Majority-Rule*, 第 16 页及以下。

中则有更多的东西,这主要应归功于一些社会选择理论家的努力,他们或是受到了孔多塞的《论将数学应用于多数投票所达到的决策概率》①的影响,或是在孔多塞所开创的道路上探索(不管他们是否直接受到了孔多塞的影响)。然而,正如最近的几位编者注意到的,"孔多塞从未进入英语世界政治理论课程的'经典巨著'中。"②因此,我们的问题仍然是:为什么在这些经典著作中多数决定在理论上如此不受重视?

提供一个黑格尔式的回答是毫无用处的,[125]按照这样一个回答,既然普遍选举权只是在 20 世纪才作为政治现实确立起来,就不应该指望密涅瓦的猫头鹰很久以前就把注意力转向这个问题了。因为多数决定事实上就像雅典民主制一样古老。鲍桑葵(Bosanquet)把它称为"一切政治行动的根本工具",并认为"就我们所知,[这个工具]是由古希腊人发明的。用来进行顺次投票并使少数人默许大多数人的意志(就好像那个意志就是他们自己的意志)的那种简单设施……首次在古希腊政治生活中作为一种日常的决策方法而被发现。"③尽管雅典人所采纳的那种直接民主制已经消失,但是,如果一个团体是由两个或三个被认为彼此平等的个体组成,那么在它所做出的决定中,多数原则就已经持续下来并广为流行。罗马国民会议使用它;教父和主教会使用它;威尼斯共和国的参议院使用它;马基雅维利的弗罗伦萨议会使用它;中世纪最高法院使用它;卢梭的日内瓦公民使用它;美国革命者使用它。在增补这个名单时,我们也应该提醒自己:在多数决定原则中没有什么特别民主的东西。这个原则本身对选举权没有任何含义。为 18 世纪英国的财产拥有者所

① 载于 Condorcet, *Selected Writings*, 33-70。
② McLean and Hewitt (eds.), *Condorcet: Foundations of Social Choice and Political Theory*, 73.
③ Bosanquet, *The Philosophical Theory of the State*, 4-5.

收买的腐化的下议院也使用多数决定方法。只要在是不是要否
决一项民主立法提案上发生争执,美国最高法院的法官也会使
用多数决定方法。绅士俱乐部的管理机构为了隐瞒其会员制度
的排外性而提出各个竞争方案,而在选择其中一个方案时,他们
也会利用这个原则。就我们所知,恐怖主义者的顾问班子,在谁
应该成为下一位牺牲者的问题上争执不休时,也使用该原则来
选择其目标。

阿伦特在《论革命》中冒险建议说:"多数原则是每一个决策过
程所固有的。"①[126]——这呼应了鲍桑葵的描述;她进一步指
出,"所有类型的协商制议会和议事会差不多都会自动采纳"这个
原则。② 这是要表明多数原则因过于明显而无需在哲学上认真关
注吗?

然而,明显的东西恰好就是我们的事情;使明显的东西变得有
意义(或变得无意义)就是哲学家的任务。③ 作为哲学家,我们的
使命就是考察因果联系,考察外在世界的实在性,考察人格同一
性,考察我们作为人对价值进行争辩的能力。寻求康德所说的"概
念演绎"(把构造我们的实践和经验的概念推演出来)就是我们的
任务。如果一个原则是"明显的"(至少当这种"明显性"并不琐碎
时),是我们视为理所当然的(尽管显然是重要的)东西,那就恰好
表明它在我们用来构造实践的思想方案中占据中心地位,因此是
我们在哲学中应该面对的东西,或者用康德的话说,我们应该去探
究该原则以这种方式变得理所当然的权利。④

---

① Arendt, *On Revolution*, 164. 也请注意阿伦特在多数决定和多数统治之间所做的
对比:"只是在决定已被采纳后、在多数人开始在政治上——在极端的情形中,通过
武力——清算与他们相对立的少数人的地方,多数决定这一专门设施才退化多数
统治"(Arendt, *On Revolution*, 164)。

② Arendt, *On Revolution*, 164.

③ 参见 Waldron, "What Plato Would Allow",特别是第 170-171 页。

④ 参见 Kant, *Critique of Pure Reason*, 120-122 (A84/B117 及以下)。

二

　　此外，研究立法的学者会对这个问题特别感兴趣。法理学家和宪法论者对立法有很多担忧，其中一个忧虑关系到在立法机构面前提出的命题或举措获得法律权威的那种可笑方式。它们是因为被颁布而获得法律权威，也就是说，它们具有法律权威，是因为它们得到各种立法院的通过或认可，并得到了国家首脑的同意。这听起来很庄重、很有尊严，直到我们想起：立法院中所采纳的那种特殊的通过方式就是投票和多数决定，但是，这只是纯粹从统计学上来确定是否有更多的成员赞成而不是反对某个议案。[127]议案本身并没有通过理性将自己转变为法律权威；它们是被推入权威中，而把它们推进去的力量，除了以数目取胜外，并没有什么特别可靠的基础。

　　我们在各种活动中通过掷硬币来做决定：在橄榄球比赛开场的时候，我们掷硬币来决定哪一方要捍卫哪个目标。没有人会认为这种做法是一个恰当的根据，可用来决定哪些命题应该当作法律的来源而被赋予权威。但是，计票看来更像掷硬币，而不太像行使理性和智力，但是，正是因为有了后面这种活动，法律的其他来源（例如，一个新学说或原则的发展，或者法庭协商中的一项例外）就变得神圣起来。当立法就是用这种看似任意的方式被决定之时，还如何指望我们去认真看待立法呢？

　　就立法而论，"任意"之控告包含了一些不同的罪状。最重要的指控是在有关的政策、道德和正义迫在眉睫因而需要做出理性判断的情况下，把一个任意的过程与一个有理有据地进行推断的过程做比较。立法所要针对的问题就是这样的问题：在这些问题中，重要的个人利益正在被权衡，而且，若不多加留心，一些人就会受到压制，或者可能会受到不公正的对待。然而，投票——数人头——看来与正义所要求的那种细心考虑相对立。其他的忧虑则关系到法律的不定性和无条理，这是议会中的各派因为来来回回争取数量上的优势而导致的。霍布斯的《论公民》对此有细微的描述。在反对议会立法的思想观念时，霍布斯说，在很多情况下，"并不是表决很不平等，而是被征服者希望通过增加他们对另一位立法会员的意见来壮大自己党派的力量"。因此，他们试图看到"同样的事情[128]又可以被煽动起来……结果，他们那部分人以前确认的东西现在又处于不利地位，同样的事情现在可以在一定程度上变得毫无成效……"

> 由此可见，当立法权掌握在这种团体手中时，法律必定就会反复无常，不断变化，但不是因为事态的交替，也不是因为人心叵测，而是因为此时是一个党派占据统治地位，彼时是另一个党派占据统治地位；就像在水中那样，法律一会儿漂浮在这里，一会儿又漂浮在那里……①

立法在法哲学和政治哲学中往往未得到比较清楚的阐明，在本书中，我旨在弥补这个缺陷。正如我一开始所说，值得追问的是，如何才能开发出对立法机构及其过程的一种美好的描绘，这种描绘在其规范性上以及也许在其天真的形态上，都配得上我们在宪政法理学的更为庄重的时刻对法院提出的描绘。我提出这个问题，在某种程度上是因为在宪政设计和宪政改革问题上，对类似的东西进行比较很重要。我们都很了解，议会或国会中那种任意的多数决定，是如何被用来作为强化权利法案和司法评审的一种方式。当然，对于多数主义的反对者来说，这终究是一个毫无希望的策略。上诉法院本身就是由很多成员组成的机构，甚至在经过商议后（而且，也许特

---

① Hobbes, *De Cive*, Ch. 10, 137–138.

别是在经过商议后!),其成员往往还互不一致。在发生争执时,他们也是通过投票和多数决定来做决议。在美国最高法院中,五票击败四票。在把一项争议从立法机构移交给法院时,这种分歧是在选民当中发生的,而不是在决策方法上出现的。[129]因此,如果投票在多数决定原则下得出了任意的结果,那么大部分美国宪法也是任意的。正如丹·法伯(Dan Farber)和菲利浦·弗里克(Philip Frickey)在其优秀著作《法律与公共选择》中所指出的,如果我们认为(例如出于与社会选择悖论相关的理由)"混乱和无条理就是多数投票的结果,那么上诉法院……同样会破产。……假如我们就立法机构而接受这个论点,我们就陷入了无处可依的地步。"①

　　然而,在法院、立法机构以及司法评审问题之间所做的这种比较,并不是我们想要或需要一个关于立法的哲学理论的唯一理由。有很多理由,其中之一是为了对立法权威和立法解释提出合适的理解。因此,不管法院是否使用多数决定,我们仍然需要诚实地面对与法令有关的问题:我们该如何在一个理想的模型中来设想立法和投票之间的关系?在数票时,如果某人碰巧没有出现在立法机构中,或者,如果他是在喝醉酒的情况下突发奇想或是因为搞两面派而以对立的方式投票,那么某个既定标准大概就会丧失法律的身份。只要想起了这种情况,我们怎么可能把立法作为法律的一个有尊严的来源来供奉呢?这个意识怎么可能影响我们对法令的解释以及将它纳入法律的那个精神呢?在尚未充分理解用来支持多数原则的理由的情况下,对于如何回答这些问题,我们很茫然。

三

　　在第一节中我说过,政治理论家似乎认为多数决定在某种意

---

① Farber and Frickey, *Law and Public Choice*, 55.

义上是明显的（只要人们同意接受由一个群体来做出决定这件事）。[130]"明显的"这个词的另一种说法是"自然的"。我们可以说，当某个群体的成员发生争议时，用投票来解决问题并执行大多数人所支持的那项政策，这种做法是"自然的"。①"自然的"这个说法是否有助于我们对多数决定的基础寻求一个哲学上值得尊敬的说明呢？

在我们的传统中，至少有一位哲学家利用了自然科学中的一个观念来阐明多数原则，那就是洛克。在讨论社会契约的第二阶段（在这个阶段，已经同意在公民社会中一起行动的人们聚集起来，决定他们将要设立的立法机构的本质）时，洛克对捍卫多数表决程序（majoritarian procedure）提出了如下说法：

> 当许多人基于每一个人的同意而组成一个共同体时，他们就因此让那个共同体成为一个整体，具有作为一个整体而行动的权力，而只有通过大多数人的意志和决定，才能办到这件事。因为既然任何共同体只有得到个人的同意才能行动，而它作为一个整体又必须行动一致，这样，整体必然就应该随着较大的力量而运动，这种力量就是多数人的同意；若非如此，它就不可能作为一个整体、作为一个共同体而行动或继续存在，但是，根据组成它的每一个人的同意，它应该就是这样一个整体；因此，每一个人都应该根据这一同意而接受大多数人做出的决议的约束。（《政府论·下篇》，II：96）

在这里，洛克好像是在试图按照物理学或自然科学来阐明多

---

① 参见托马斯·杰弗逊的观察："每一个人，世界上由人组成的每一个群体，具有自我管理的权利。他们生来就从自然手中得到了这项权利。个人通过他们单一的意志行使这项权利，由人组成的各种群体则通过多数人的意志行使这项权利；因为多数规则就是每一个人类社会的自然法则。"(Jefferson, *Political Writings*, 83)

数决定。在自然界中,一个物体随着较大的力量而运动,同样,在政治中,一个政治团体按照多数人的吩咐而做出举措,因为多数人本来就更强大。还有什么比这更为自然呢? 在本章后面,我将论证说,对这段话的物理主义解读并不是唯一的解读,[131]而且肯定不是最好的解读。即便如此,表面上看,洛克的论证中体现出来的这种物理学着实迷人。

我们不妨设想一个复合体,在其构成要素的各种运动的内在驱使下,在各个方向上运动。某些部分倾向于向北运动,某些部分倾向于向南运动,但是,按照其大多数要素的倾向,并且因为它们的累积效应,该物体作为一个整体或是向北运动,或是向南运动。(或者,我们可以把这个整体思考为两支正在比赛的橄榄球队;一些运动员向某个方向推进,另一些运动员向相反方向推进;橄榄球队作为一个整体就向力量更大的方向运动。现在,如果一方有完整的八个成员,另一方只有六、七个成员,那么我们就可以期望力量较弱的那方会退让,整体就会向前场推进,并将较弱的一方置于不利地位。)

不过,请注意,这种期望做出了三个假定。首先,物体不会瓦解或解体,而是继续作为整体而运动(即使它受到了各种分散的内在力量的推动)。(在上述第二个例子中,我们假设橄榄球队并不瓦解,队员们仍会"团结起来",直到他们被允许"暂停")。其次,如果某些要素正向一个方向努力,其余要素正向另一个方向努力,那么作为一个整体的那个物体就会向其中一个方向运动,取决于哪个方向代表了数目最大的那些部分的趋势。换句话说,物体的运动不是各个要素的方向的合力或矢量。例如,我们正在考虑的模型假设,如果三分之二的要素正向北努力,三分之一的正向西努力,那么作为一个整体的那个物体就向北运动,而不是向北面偏西北的方向运动、从而反映了少数力量发生影响的程度。(同样,按照橄榄球队的类比,球队不会"打转",或者跨过球场向对角线方向运动。)①第三,有一个不言而喻但很重要的假定:各个部分对整体运动的影响是平等的。如果某些部分比其他一些部分质量更大,或者运动得更加激烈,那么当然就不再有理由假设物体会向数目更多的那些部分的方向运动。(在橄榄球队的例子中,假设一方有七个队员,另一方有八个队员,在这种情况下,如果前者的成员更加强壮,或者在防卫和攻击方面力量更大或技术更好,那么前者就可以击败后者。)

在这三个假定中,每一个都具有潜在的政治含义。首先,甚至当多数人在政治上更强大时,只有在该政治体制本身团结一致的情况下,多数人的政治力量才会显示出来。如果少数人选择退出而不是接受失败,那么所有的赌注都结束了。如果较强的党派不仅需要占据统治地位,也需要挫败任何一种试图退出的做法,那么为此而需要的那种较高的政治力量(或者最终不得不诉诸的军事力量),可能就要比某个单纯的政治多数派所表达的力量强得多。其次,与单向模型相比,矢量模型或合力模型似乎为诸多政治冲突的结果提供了一个更好的说明。(然而,它较好地说明的可能是这种冲突中的妥协、媾和或者飘摇不定的因素,而不是单纯的投票因素。)第三,平等的假定只是反映了政治礼节,并未考虑个体和派别在争取统治地位方面所表现出来的热情和力量,正如它也忽视了他们可以利用的不平等的政治资源。②

在对多数决定所提出的物理主义论述中,有些论述把它看作战斗的一种代理品。我们也可以对这种论述提出类似的说法。齐

---

① 当然,在政治中,可能并不存在一系列可以用这种矢量来转变方向的中间选项。但是,在很多情况下,在投赞成票的那些人的观点和投反对票的那些人的观点之间好像有一些自然的妥协立场。实际上,或许可以表明,若没有这种妥协,多数决策就很容易遭受阿罗定理的悖论。参见 Arrow, *Social Choice and Individual Values*。

② 这就是肯德尔对洛克的力量类比提出的批评,参见 Kendall, *John Locke and the Doctrine of Majority-Rule*, 117。

美尔(Gerog Simmel)说,"投票是对各种现实力量及其大小的一种推测。……它用一种抽象的符号来预料具体的战斗和强迫的结果。"①[133]但是,真实战斗中发生了什么取决于很多东西,例如战斗打响了多久,结果和优势如何与地形等因素相联系,战术和装备等等,而不只是取决于人数。

在说明多数决定在一个代议制政体的运动变化中所发挥的作用时,霍布斯提出了这个军事模型的一个有趣变体:

> 如果代表机构是由很多人组成的,那就必须把多数人的意见当作全体的意见。因为如果(举个例说)少数人表示赞成而多数人表示反对,那么反对票在抵消了赞成票之后还会剩下很多;于是,既然多余的反对票不会受到反对,它们就形成了代表机构唯一的意见。②

在这里,霍布斯把政治决策描述为一种类似于肉搏战的东西,胜利归于最后剩下来的那个人。但是,这个分析并不比齐美尔的分析更有说服力。把战斗看作一种一对一的较量,每一对人必然会因为个别战士的势均力敌而两败俱伤,结果,如果一方士兵较多,致使其中一些在对方阵营中找不到对手,那么胜利就属于他们。这确实是一种不可思议的军事逻辑。而且,在人数较少的一方中,如果有些战士比对手强大,或者比对手死得更多,那么这个逻辑就瓦解了。③

---

① Simmel,"The Phenomenon of Outvoting"(转引自 Spitz, *Majority Rule*, 156)。
② Hobbes, *Leviathan*, Ch. 16, 114.
③ 大卫·海德(David Heyd)向我指出,这个类比可能是立足于一个有机整体中发生的活动。个别力量相互抵消,直到只剩下一个力量。这种描述确实很像霍布斯对一个人的意志和慎思之间关系的说明:"在人的心灵中,对同一件事情的欲望和嫌恶、希望和恐惧交替出现,做或不做那件事情的各种利弊在思想中接连出现,以至于我们有时喜欢它,有时嫌恶它;有时对它感到绝望,有时又害怕去尝 (转下页注)

鉴于这些理由,依赖于对多数决定的任何物理主义论述或者按照军事力量提出的论述看来都不是明智之举。这种论述要么必然会受到很大限制,要么只是在极其特殊的情况下才有用,因此就回避了让多数决定显得具有说服力的一切重要问题。

此时此刻,需要额外考虑一下我提到的第一个假定,即凝聚力假定。[134]我早先提到,只有当整体(已经被划分为多数派和少数派)设法团结一致时,对多数原则的物理主义解释才能发挥作用。有趣的是,在物理学中,洛克把物体的凝聚力看作一种既定的、尽管很神秘的东西:在《人类理解论》中,他说凝聚力是一种我们可以视为理所当然、却无法说明的东西。① 然而,在政治学中,凝聚力不是既定的,而是在很大程度上由团体成员的行为确立起来的。被告诫要服从多数观点的那些人,也就是被告诫不要退出、要尽自己的职责将团体合为一体的那些人。我不是在说第一个告诫就等同于第二个告诫。洛克有时好像认为二者是等同的,因为他暗示说,对于一个不能达到一致同意的有效团体来说,多数原则就是唯一可能的决定规则。② 但是其他的决定规则显然也是可能的。明显的是,只有当第二个告诫取得成功时,第一个告诫才能取

(接上页注)试它;这一系列欲望、嫌恶、希望、恐惧都在我们这里出现,直到我们已经做了那件事,或者认为我们不可能去做那件事。这样一个过程就是我们所说的'慎思'"(Hobbes, *Leviathan*, Ch. 6, 44)。

① 因此,他论证说,一个物质实体将自己结合起来的能力,至少就像一个有思想的精神实体的积极能力一样神秘:"不管我们认为我们对物体的广延(它不过就是各个固体部分的凝聚)有多么清晰的观念,但是,只要人开始在自己的心灵中去仔细考虑那个观念,他就有理由断言,对'物体如何延展'具有一个清楚的观念,就像对'灵魂如何思想'具有一个清楚的观念一样,都是不容易的。因为,既然物体的广延就在于它的各个固态部分的结合和凝聚,因此,若不理解它的各个部分的结合和凝聚在于什么,也就不能恰当地理解物体的广延;而在我看来,物体的各个部分是如何结合和凝聚的,就像思想的方式一样,是不可理解的。"(Locke, *Essay*, Bk. II, Ch. 23, sect. 24)

② Locke, *Two Treatises*, II:97–98.

得成功。一个不相信团体应该结为一体的人肯定也不会相信，作为少数派的一个成员，他应该服从多数观点。按照力量来说明一个物体在结为一体的情况下将会如何运动，不同于按照力量来说明它自身是如何结为一体的。既然这两种说明不同，对多数决定的论证的物理主义变种就必然是不完备的。需要用一个按照力量对凝聚力的论证来补充它。但是，显然不可能有任何这样的论证。某些东西可以被看作一个更大整体的可能部分，它们往往会自然地凝聚，例如，水银的小颗粒在互相接触时往往会形成一个更大的颗粒。但是，其他东西（例如沙粒）并不具有这个特征。不存在无论如何都是明显的或自然的东西。因此，洛克显然就需要对政治凝聚力提出一个直截了当的规范论证，[135]例如，一个人应该尽自己的职责将团体合为一体，因为这就是进入社会契约之目的所在。但是，这样一来，正因为那个论证是规范的，它就很不符合对团体（一旦其凝聚已经得到保证）的运动方向所提出的自然主义或物理主义说明。有人忍不住会说，假如这个物理主义论证不可能完成全部任务，它就说不上有任何用处。

不管怎样，在这个领域，按照力量来提出论证原则上有点不当。我们追问多数决定，是因为我们对如下问题感兴趣：为什么少数人应该认为自己要受到约束，或者，为什么局外人应该将多数人的声音看作整体的声音？抑或，更确切地说，我们追问多数决定，是因为：对于源自一个代议制议会的集体决定的法令应被给予的那份尊重，我们很感兴趣。然而，一种按照力量来提出的论述，至多只能告诉我们少数人将会如何被约束（即无法退出），而不是他们应当如何被约束。换句话说，它告诉我们一个有凝聚力的团体在大多数推动力的作用下事实上如何运动，而不是我们应该如何尊重或尊敬那个运动。

这不只是自然主义谬误，更多地是卢梭在《社会契约论》一开始提出的一个观点的变种。一个以力量为基础的论证，卢梭说，在实践慎思中没有能力反对某个人可能用来抵制这种力量的任何理由（哪怕是最不重要的理由）：

> 强制性力量是一种物理力量；我不明白它怎能产生任何道德。屈服于强制性力量是一种必然的行为，而不是一种意志的行为；它至多只是一种明智的行为而已。它在什么意义上能够是一项责任呢？……只要任何人可以不服从而不受惩罚，他就可以正当地这样做。……[136]如果我们是因为强制性力量而必须服从，那么我们就不需要出于责任而服从了；如果我们不再被迫服从，那么我们也就不再有服从的义务了。……如果一个强盗在森林中一条路上把我抓住，那么我就得被迫交出钱包，但是，如果我能把钱包藏起来，我也必须出于良心而把它交出来吗？①

四

尽管洛克使用了力量和运动的语言——"整体必然就应该随着较大的力量而运动"（《政府论·下篇》96）——他也许不希望人们用一种物理主义的方式来解读这句话。一个更有趣的解释是把"力量"和"运动"看作很抽象的概念，差不多相当于逻辑词项，可以被赋予各种内容，取决于我们是在处理物质的相互作用还是某种不同的相互作用。② 事实上，洛克清楚地表明，他想到的物理学是一种关于个人同意的物理学，而不是一种关于个人力量或权力的

---

① Rousseau, *Social Contract*, Bk. I, Ch. 3（我的强调）。亦可参见 Dunn, *The Political Thought of John Locke*, 第 129 页注释。

② 邓恩在《洛克的政治思想》第 129 页注释中提出了这样一个建议："认为力量的概念是由同意的概念来道德化的，就如认为同意的概念被转变为社会强迫的一个措词一样貌似可信。"

物理学：

> 任何共同体都只按照其中各个人的同意而行动，而它作
> 为一个整体又必须行动一致，因此，整体必然就应该随着较大
> 的力量而运动，而这种力量就是多数人的同意。（《政府论·
> 下篇》，第 96 段，我的强调）

同意所携带的不是物理力量，而是道德力量，这种力量关系到
需要用同意来达成的目的。

洛克把自己对多数决定的论证直接放在社会契约形成之后。
社会契约本身当然需要在那些被认为受其约束的人那里取得一致
同意："人……天生就是自由、平等和独立的，若不经本人同意，就
不能把任何人置于那种状态之外，令其受到另一个人的政治权力
的约束。"（II：95）[137] 在这个阶段，个人同意的"物理学"就是以
王牌取胜的物理学。虽然很多人可以在契约上联为一体，他们这
样做"也没有损害其余人的自由；后者仍然就像以前一样保有自然
状态的自由"（II：95）。

然而，结为一体的人们之所以这样做，是为了建立立法机构。
对于洛克来说，这个过程也是一个要求同意的过程。在第二个阶
段做出的决定首先被理解为共同体的一项行动、人民的一项决议：
在如何才能将立法权威最合适地确立起来这个问题上，人民必须
做出一个判断（II：132）。现在，对洛克来说，共同体的一项行动只
能取决于个人判断，"任何共同体都只按照其中各个人的同意而行
动"（II：96）。因此个人就必须把心思放在他们作为一个新确立的
共同体而面临的问题上：如何设立一个立法机构，又应该将它托付
给什么人？

正如我在第四章所强调的，按照洛克的设想，这个问题是一个
共同体的成员必定会发生争议的事情，因为"意见的分歧和利益的

冲突在各种人的集合体中总是难免的"（II：98）。在各种意见中，每一个意见都易于把集体推向某个特定的方向，但是这种"推动"现在被理解为一个关于同意的命题的逻辑倾向，而不是被理解为持有该命题的人的物理力量。既然集体的判断取决于各个人的判断，假若某个人 A 相信立法权威应被授予一个君主，这一事实就会把群体"推向"君主宪政；假若某个人 B 支持一个议会，这一事实就会把群体"推向"共和制方向。如果 C 就像 A 那样支持只有一个人的立法制度，[138]那么在君主制的方向上就有了一种双重的推动，于是，在不考虑任何其他人的情况下，那就是作为一个整体的团体将会运动的方向。又或者，假若我们完全放弃使用"推动"的物理语言，我们就可以说，A 的意见，作为群体的决定，"算作"支持君主制；此外，C 的意见也"算作"支持君主制；B 的意见则是"算作"支持对立方向的唯一意见。因此，对于支持君主制或议会的意见所提出的任何说明就会各自指出，有两个意见支持前者，但只有一个意见支持后者。

以上是对洛克式的同意的物理学的概述，它显然需要进一步加以说明。首先，对于我此前所说的洛克式的论述的那三个主要假定，这个解释如何改变我们对它们的看法？

（1）第一个假定是，整体会继续将自己结为一体。在物理主义论述中，这涉及物质凝聚的神秘性。[①] 不过，在一个基于同意的模型中，很容易解释这个假定。我们所说的"整体"已经是经过组成它的个体的同意而建立起来的。在这个阶段，政治凝聚力的唯一基础就是这种同意，或者更确切地说，就是隐含在其中的承诺。如果有人以整体易于发生瓦解为由来质疑多数裁定原则的可接受性（当然，整体易于发生瓦解只是质疑该原则的一个基础，而不是唯一的基础），那么就可以这样来回答他们：既然他们原来已经同

---

① Locke, *Essay*, Bk. II, Ch. 23, sect. 24.

意社会契约,那么他们是否希望那个整体仍然存在、能够行动。他们原来对社会契约的同意是认真的吗,抑或他们只是以"伽图进入剧院,只是为了要出来"(II:98)的那种方式加入公民社会?

这个假定因为洛克的一个强调而变得更加轮廓分明——洛克强调说,没有人可以认为,由很多人组成的一个群体就能按照一致同意来存在和行动。[139]如果我们考虑到让某些人避开议事会、让其他人的意见和利益产生分歧的那种变化,那么取得所有成员的一致同意"几乎就是不可能的事情"(II:98)。既然每个人在原来同意成为公民整体的成员时都知道这一点,就没有谁可以合理地按照"只有在存在着一致同意的情况下整体才行动"这一要求来断言他们对整体的支持。对原始同意施加任何这样的条件都是不合理的。由此就可以很快地推出,既然每个人原来都同意了社会契约,他们就必须承认,由于他们的支持,整体原则上应该可以正当地(legitimately)向着某个方向运动,尽管他们当中的某人希望整体向对立方向运动。有可能的是,除个别人外,所有人都宁愿整体向 X 方向运动(那人倒是宁愿它向 Y 方向运动),而且,他承认一致同意不可能是整体运动的唯一条件。若是这样,他就万万不可预先排除这一可能性:整体应该向 X 方向运动,即使该方向与他所期望的方向相反。①(或者,假如他确实排除了这个可能性,他就只能以"他的反对中有一些很特殊的东西"为理由来支持其做法;但是,这样做就与平等的假定相矛盾了,这个假定将在下面第三个假定的标题下加以讨论。)

因此,原始同意在支持多数决定的论证中发挥了很大作用。不过,我们应该指出,原始同意不是一种要由多数人来保证的同

---

① 洛克是通过提出如下问题来提出这一点的:"如果他只受他认为对自己合适、并确实同意了的法令约束,此外就不受社会的任何其他法令的约束"(II:97),那么,在社会契约中还有什么新的誓约会比一个人在自然状态中的自由更高呢?

意。因为若是这样，多数决定的正当性就完全在于约定了：人民可能已经选择了任何决策程序，但他们碰巧同意这一个。[①] 这不是我在这里正在探究的那个假说。毋宁说，我是在试图对洛克的观点（多数决定是自然的）提出一个以同意为基础的解释。这样，原始同意就是由某一个决策程序来保证的同意，[140]这样一个程序很可能涉及一些不足以达到一致同意的东西。但是，我们尚未触及多数决定的细节。[②]

关于原始同意（即同意通过社会契约成为整体的一个成员），我想强调的另一点是，在洛克所提出的那种物理描述中，它就像同意那样发挥作用。研究政治权威和政治义务的理论家经常去寻求一种可以被解释为同意的东西，随后就把它处理为一种"开关"，可以为他们的理论神秘地产生一切关于政治义务的结论，而且这种结论还是最彻底的权威主义者都能渴望的。然而，洛克认识到，如果我们正在依靠同意，那么我们就得允许同意的逻辑支配"同意已被给予"这一事实的政治含义。

这个逻辑是什么呢？首先，它意味着同意是出于理由的同意。对于把政治义务和正当性建立在同意之基础上的做法，如果我们确实认真加以看待，那么这些理由就为我们说明公民社会的目的提供了基础。假设我同意成为某个组织的成员，只是因为我想促进 X 和 Y 这两个目标，但该组织却决定促进某个极不相同的目标 Z，那么我就不可能受到这个决定的约束。（例如，如果我是为了

---

① 他们有可能会选择某个不同的决策程序。但是洛克强调说，对于尚未选择任何其他原则的任何议会来说，这段话中提出的论证把多数原则确立为一条自然的默认规则："因此我们看到，在由实在法来授权采取行动的议会中，只要实在法并未规定授权采取行动的具体人数，多数人的行为就被看作整体的行为，而且，按照自然和理性的法则，当然也就决定了整体的权力"(II:97)。

② 参见肯德尔的如下评论："并非一个社会必须在多数票通过决议和短暂地尝试全体一致的决议后就解除契约这两件事之间进行选择……"(Kendall, *John Locke and the Doctrine of Majority-Rule*, 114)。

共同的安全和支持而决定与其他人联合，那么这个决定就不会要求我去接受该群体关于集体崇拜的结论。)同样，如果我是为了促进 X 和 Y 这两个目标才同意成为某个组织的成员，那么，假若该组织明目张胆地摧毁 X 和 Y，它就丧失了只有在经过双方同意的情况下它才具有的正当性。正如洛克在一句话中所说(这句话尽可能清楚地传达了他对我所说的"同意的限制性逻辑"的承诺)，"任何理性动物都不会抱着每况愈下的意图来改变自己状况"(II：131)。同意的逻辑或多或少就是理性选择的逻辑，而且，如果我们发现，由于某个被认为具有政治权威的行动，人们事实上已经"将自己置于比自然状态更糟糕的境地"(II：137)，[141]那么我就有资格断言政府必定已经僭越了其界限，而这些界限，正如我所说，不只是由那项行动确立起来的，也是由同意的逻辑确立起来的。最终，"经过同意而取得正当性"这一观念受到了个人在道德上获准同意的东西的限制。对洛克来说，某些自然权利是不可转让的——不仅任何理性动物都不会放弃它们，而且，从自然法的观点来看，也没有谁有资格放弃它们：

> 没有谁能把比自己享有的权力更多的权力转让给别人，也没有谁对自己或他人具有一种绝对专断的权力，以至于可以毁灭自己的生命或剥夺另一个人的生命或财产。一个人……不可能使自己受制于另一个人的专断权力；而在自然状态中，既然一个人并不享有支配另一个人的生命、自由或财产的专断权力，他就只能享有自然法给予他的那种保护自己和其余人类的权力；这就是他的确让渡或可以让渡给国家的全部权力，这种权力再由国家交给立法权，因此，立法机构的权力也不能超过这个限度。(II：135)①

---

① 作者误写为第 357 段。——译者注

在第四章中我们看到,不管是在立法机构内部还是在立法机构外面,对于不可转让的权利究竟是什么,人们很可能会发生争执。但是,在洛克的论证中,有一些东西是无可争辩的,比如说,这种权利是存在的,它们对一个人能够同意的东西施加了限制,因此,就多数决定而论,也就对一个人的原始同意可以要他承诺的东西施加了限制。①

（2）第二个假定是,整体会向某个方向运动,具体向哪个方向运动取决于成员的票数;它不会像一个物体那样是在各个力的矢量和的作用下运动。因此,就洛克所要求的制度设计问题而论,我们不妨假设,一些人投票支持一种君主制的立法机构,另一些人投票支持一种完全的民主制（II:132）。这样,多数表决原则的假定就是,整体会向某个方向运动,取决于哪一方得到了更多的支持;然而,按照矢量模型,整体会转向一种妥协,也就是说,转向一种在数量上比一个人多、比所有人少的人组成的立法机构,具体由多少人组成取决于各种力量的精确平衡。如果我们按照同意的物理学来进行分析,那么这种分析如何解释我们对矢量模型的拒斥呢?

洛克提出了一个根本假定:"任何共同体都只按照其中各个人的同意而行动"（II:96）。我们可以用两种互补的方式来解释这个假定。按照一种解释（到目前为止我们所提出的解释）,这个假定意味着,只有个人的同意才会决定任何政治决议的结果。按照另外一种解释,它意味着,只有个人的同意才会决定政治决议的可能结果的范围。第二个解释强调政治选择不是来自一系列给定的或预先设定的选项,而是来自国民整体的个别成员特别提出来的一系列选项。按照这个论述,一种妥协的立场是不可以选择的,除非

---

① 因此我拒斥肯德尔将不可转让的权利作为洛克的多数主义的一个特点来加以攻击的做法。参见 Kendall, *John Locke and the Doctrine of Majority-Rule*, 68-74。

它就是某人对"应当做什么"所持有的看法。而且,如果它就是某人的看法,那么,在用日常的方式来进行的一场选票斗争中,它就应当依然如故。因此,个人同意的逻辑,作为政治中的推动力,就是这样一种逻辑:政治团体不要向任何方向运动,除非这个方向已经被某人作为一个命题明确地提出来并得到他的同意。政治团体无需只是因为人们在所提出的其他提议中投了票就向某个方向运动,而这个方向是任何人都不曾提议的。

(3) 从一种纯物理主义的论述转移到洛克式的同意的物理学,这会在一个问题上产生重大影响,即各种力量的平等问题。在研究洛克的理论时,威尔莫尔·肯德尔暗示说,[143]洛克的论证取决于假设"给出的同意和没有给出的同意具有同样的强度"。肯德尔写道,在政治中没有什么景象比如下景象更令人熟悉了:"少数人因为具有强烈的信念,因此就很容易让他们的同意比多数人的同意更有分量。"①

然而,这个建议有点问题。第一个问题是,它假设同意是一种可以在力量或强度上发生变化的东西。事实上,根本就不清楚是不是这样,而且,值得注意的是,肯德尔从谈论"同意的强度"一下子就转到谈论"同意背后的信念的强度"。同意本身并不是一种有级别的东西。如果正当性要求个人同意,那么,只要同意出现,有些交易就变得合法。它是多么热情或有力并不是特别重要。我同意做外科手术,我的同意不会因为我有力地签名或热情地点头就改变了它让事情变得正当的力量。除非缺乏强度提出了一个关于同意的实在性问题,否则同意在这个方面就不会有什么有趣的变化。就算把同意解释为契约或许诺也是如此。在签订契约的情况下,重要的是,我确实同意别人向我提出的交易;无论是这笔交易本身还是其法律效力,都不会随着我的同意的力度或强度而发

---

① Kendall, *John Locke and the Doctrine of Majority-Rule*, 117.

生变化。

　　第二个问题是，肯德尔误解了洛克在同意的物理学中正在提出的那种论述。洛克不是在假设一个政治团体的运动事实上取决于各个人的参与的力量。更重要的是，洛克的同意的物理学本质上是一个规范理论。他的主张是，组成一个政治团体的各个人的同意才是唯一恰当地推动它的东西。从这个规范命题的立场来看，[144]同意是个人权威和合法化（legitimation）的问题。人们可以在他们的政治影响和实践知识方面发生变化，但是，这不等于在个人同意的规范力量上发生变化。即使不考虑前一个段落中细究的问题，我们也可以发现，洛克坚定不移地认为，无论在我们这里发生了什么其他的变化，我们每个人就权威而论都彼此平等（II：54）。我们的自然状态——要将多数决定原则从中召唤出来的那个状态——是一种"平等的"状态，"在那种状态，一切权力和权限都是相互的，没有谁比别人享有更多的权力"（II：4）。同意之所以重要，完全是因为人们在合法化政治权威方面本来就是平等的，而且，就政治决策的要素而论，只要将这种自然的平等贯彻到底，在我们当中、在政治效力上的任何其他差别就变得无关。

五

　　按照同意的物理学模型来解释这三个假定还不够。我们还需要解释对"多数人必须获胜"这个原则的物理主义论证。

　　在我们原来对洛克的那段话提出的解释中，这个论证的逻辑就是物理力量集聚的逻辑：三个力量向北推动，两个力量向南推动，在每个个别力量都同等的时候，整体就向北运动。但是，同意的道德力量是用同一种方式来集聚的吗？威尔莫尔·肯德尔无疑持有这种观点：在他看来，洛克的论证"无懈可击……因为它断言更多的同意产生了比更少的同意更大的推动力（因为同意是加和性的）。"①我不是如此确信。请记住，在我们正在考虑的同意的物理学模型中，同意应该不是作为一种推动力或驱动力来发挥作用，[145]而是作为一种进行授权和合法化的力量来发挥作用。在这里，根本就不清楚同意是集聚性的。不妨考虑一个简单例子：假设一位外科医生建议周四对我实施一个危险的手术，对于他的建议，我说了几次"行"（在周一、周二和周三），但是，在周四早上，当他再次问我时，我说"不行"。不存在将前三次同意加在一起、然后说"3胜过1"这样的问题；规则反而是最近一次表示获胜，不管以前有多少次相反的授权。当然，这个例子实际上只是表明：我们不可以理所当然地认为，在事关合法化的任何情形中，同意都是一个集聚性概念。

如果有一个可能的解释将同意看作集聚性的，那就是功利主义的解释：如果每个人的同意都反映了对自身利益的精确认识，那么个人同意的集聚可能就蕴含着一个关于普遍利益（用一种边沁式的方式来理解）的可靠结论。然而，对多数原则的这种功利主义解释有很多问题。② 最显著的困难是，假如我们对投票提出一种功利主义解释，我们就回到了上一节第三个标题下所讨论的强度问题。即使每个人都同等算数，这也不表明，在某个问题上，他们在紧要关头持有的兴趣或偏好，从计算普遍效用的立场来看，是同等的或者说同等重要。有些人不言而喻地假设功利主义就是一个决策原则的恰当根基，但是这个假设也有一些问题。根本就不清楚是否如此，特别是当人们正在处理社会设计和制度设计的基本原理的时候。③ 在目前的情景中，效用原则至少就像多数原则一样备受争议；按照前者来解释后者可以令后者变得更

① Kendall, *John Locke and the Doctrine of Majority-Rule*, 117（作者自己的强调）。
② 参见 Waldron, "Rights and Majorities"。
③ 对这一点的经典论证当然就是罗尔斯的论证，见 Rawls, *A Theory of Justice*, 第3—4页以及第22—34页。

可理解，[146]但是多数决定的根据也因此而变得不太有说服力。

　　这里也有一个更深的要点。我们此时的问题是：各个人的同意是不是应该用集聚性的方式来理解？我们可以指出，功利主义属于一组用集聚性的方式来理解个人偏好的理论。但是，恰好是在这种理解上出现了一些众所周知的哲学问题：一项政策 X 会使 20 个人有点头疼，它们加在一起就构成了一个严重头疼，然而，若不采纳 X，某个单独的人就会很头疼；那么，我们是不是可以说前者（那个"加在一起"的头疼）在分量上足以超过后者？任何后果主义理论，只要具有一种集聚性的结构，差不多都会面临同样问题：假设救生员游往某个方向就可以救出 5 个落水者，游往另一个方向就可以救出 1 个落水者，那么，为什么他选择游往前一个方向就好于游往后一个方向呢？① 只是说 5 个人在分量上显然超过一个人是没有用的：即使确实如此（很多人可以否认这一点），但请回想一下本章一开始进行的讨论——作为政治哲学家，我们的任务是要阐明明显的东西，不是要让那种"觉得明显"的感受来代替我们的工作。

　　最终，回想一下，我们不应该对多数集聚（majoritarian aggregation）寻求一种具有"多数人必然是正确的"这一含义的解释。然而，这就是功利主义的解释往往会得出的暗示。（或者，如果它不是这种解释所暗示的，那么我们就搞不清楚它究竟可以把什么东西合计起来。）洛克的论证并不是"多数决定是正确的"；他

---

① 参见托雷克的评论："当我决定拯救在这种状况中即将受到伤害的人时，我自己无论如何都不能用这种方式来思考他们。……我之所以关心他们正在遭受的不幸，主要是因为我认识到，他们当中每个人都十分关心自己正在遭受的不幸，正如我在处于这种境地时也会十分关心自己所遭受的不幸。认为他们各自都有某个客观的价值（不管怎样，正是我们决定了事物的客观价值），然后对 5 比 1 的组合价值进行某种估算，这不是我的思想方式。"（Taurek, "Should the Numbers Count?" 306）

的论证是,就与同意相关的问题而论,多数决策是正当的或适当的。即使某人同意一个提议,这也不表明这个提议就是正确的或明智的。同样,即使存在着对一个提议的多数支持,这个提议也不会因此就变得正确、明智或公正。(这是我们在第四章中已经强调的。)①同意和多数支持应该与大众决策的正当性相联系而发挥作用,[147]在这个阶段不是与大众的智慧相联系而发挥作用。

　　那么,按照一种正当性导向的说明,"多数算数"这个观点如何得到支持呢? 在我看来,我们应该这样来探究这个问题——我们问:在洛克的同意的物理学中,什么是对"力量的集聚"的最好的或者说最自然的解释? 答案无需是"同意的集聚";相反,答案可以完全是非集聚性的,或者,它可以间接地向我们指出一个集聚性的结论,但这个结论不依赖于与各种力量的物理集聚的直接类比。在洛克的论述中,大体上说,同意的逻辑必定与公正对待各个人有关、与承认和尊重他们作为平等个体的地位有关。因此,在某些情况下,个人对他们所构成的那个整体的行动持有不同的和相反的观点,而用来衡量这种状况的基本标准就应该是一个关于公平(fairness)的标准。② 我们应该问自己:在面临这种分歧的情况下,我们用来处理问题的最公平的基础是什么? 在洛克的同意的物理学中,我们对该问题的回答,就恰当地类似于物理主义论述中各种力量的集聚所做的工作。

　　不妨回想一下我们正在展开的各个假定。尽管有分歧,也还是要在每个成员提出的一套意见中做出一个集体选择。这个选择只能按照各个人的观点来做出。通过成员之间的讨论,我们希望

---

① 因此,我认为肯德尔对洛克的多数主义(majoritarianism)的方向提出的说法完全错了。见 Kendall, *John Locke and the Doctrine of Majority-Rule*, 112。

② 巴里也强调我们应该把公平视为多数决定的基础。参见 Barry, *Political Argument*, 第 312 页及以下,以及 Barry, "Is Democracy Special?"。

这些观点都得到了解：这是两个东西所要承担的责任：其一是第五章中那个亚里士多德式的论证，其二是第四章结束之际我们在洛克自己的观点中注意到的协商理论的那些要素。然而，没有什么超人类的知识或意志的宝库能够充当决定的基础；某个选项可能是客观上错的，但是，我们归根到底所具有的，正如我在第四章中所强调的，①[148]也就是各个人对特定选项的看法了。因此，所有成员都同意，假若要在成员们提出的各个选项中做出一个决定，也只能由他们按照自己的看法来做出，此外就没有其他根据了。他们都同意要做出决定，即使在"应该做出什么决定"这个问题上他们仍有争议，也就是说，即使整体的决定不可能取得一致同意。在这种情况下，如何继续下去才算公平？ 哪种方式对所涉及的每个人和所有人最公平？

当我们以这种方式提出问题时，好像我们就可以直接移动到多数原则，把它看作明显的答案。因为可以表明的是，除了通过给予某个个别成员的观点以更大分量（大于指派给某个其他个别成员之观点的分量）外，就没有任何其他的原则给予每一个个别成员的观点以更大的分量了。② 实际上，在每个其他人的观点都应当具有同样分量的条件下，多数决定方法试图给予每个人的观点以尽可能最大的分量。它使得个人的观点在如下意义上具有最低限度的决定性（minimal decisiveness）：如果成员 M_1 认为我们应该做 X，而该群体任何其他成员都不持有一个观点，那么 X 就是我们

① 见前面第四章第八节，第 81 页（英文版页码，即本书边码——译者注）涉及洛克《论人类理解》的那几个注释以及相关文本。

② 对于（社会选择理论中的）这个定理，即只有多数决定才满足公平和合理性的基本条件，参见 May, "A Set of Independent Necessary and Sufficient Conditions for Simple majority Decision"。亦可参见 Sen, *Collective Choice and Social Welfare*, 71—73. 如下著作中对这个定理有一些有益的讨论：Ackerman, *Social Justice in the Liberal State*, 277—293；Beitz, *Political Equality*, 58—67；Dahl, *Democracy and its Critics*, 139—141.

应该做的事情。① 不仅如此，多数决定也把最大限度的决定性赋予每个成员，只受制于平等这一约束。在这个意义上，多数决定方法本身就表现为一种公平决策方法，而在同意的物理学中，则表现为对各个力量的物理集聚的一种自然解释。

这个举动是直接的，有些读者可能对此感到有点不安。不过，如果我表明我们也可以通过一条有点迂回的途径得到同样的结论，他们就应该感到宽慰。回想一下霍布斯对多数决定的说明：

> 如果少数人……投赞成票，多数人投反对票，[149]那么反对票在抵消赞成票之后还会剩下很多；于是就没有人去反对多余的反对票了，这样就形成了代表机构唯一的意见。②

霍布斯所想象的是，每个赞成票被相应的反对票一一抵消，直到至少有一个反对票没有受到反对。我们可以按照同意的物理学将这一点解释如下。5 个人构成的一个集体要在是不是要执行一项政策 X 上做出选择。他们相信这项决定只应取决于他们每个人的观点。他们理解他们的观点以这种方式与集体决定相联系，因为未经他们的同意，集体不可以正当地行动。但是，他们也认识到，集体在这个问题上必须达到一个决定，即使他们的个别观点并未取得全体一致的同意；他们当中每个人也都承诺这一点。最终，他们承认，从集体行动的正当性来考虑，一个成员的同意就和另一个成员的同意一样好。也就是说，尽管他们在能力和经验上都有

---

① 阿克曼按照"打破僵局"的思想对"最低限度的决定性"提出了一个略微不同的说明："比如说，如果议会中有 99 个人，那么，在所有其他人都是对半分（49 对 49）的情况下，多数规则就给了我一个决定性的声音；这一点对你的决定同样成立。在双方票数对等的情况下，多数主义者并不诉求某个得不到回应的决策程序，而是认识到每个公民都有权按照自己深思熟虑的判断来决定社会选择的结果"（Ackerman, *Social Justice in the Liberal State*, 283）。

② Hobbes, *Leviathan*, Ch. 16, 114.

差别,他们也承认,就同意的要求而论,他们是彼此平等的。

因此,他们现在要从他们的个人同意和不同意中来调制一个集体决定。这个过程经历了如下几个阶段:

（1）首先发生的事情是,一个成员 M_1 站起来表示反对 X——他不同意 X。如果没有任何其他人想要说点什么（他们有机会发表意见）,那么 M_1 的意见就是结论性的。他的意见不仅作为一个偏好问题而具有结论性,也作为一个正当性问题而具有结论性:因为集体未经同意就不可以行动,而且,到目前为止,他们的同意的唯一迹象就在于,该集体同意 M_1 提出的取消执行 X 的提议。

（2）[150]但是,接下来 M_2 站起来支持 X,反对不执行 X。就正当性而论,情况现在就平衡了——个人同意已经从集体所面临的每一个选项中退出。如果 M_1 和 M_2 就是该集体的唯一成员,那么该集体就瘫痪了。[①] 或者,如果全体一致的同意必须得到保证,那么,不管该集体有多少成员,它还是会瘫痪。不过,幸运的是,该集体并未瘫痪,因为其成员的数目是奇数,而且他们都同意,甚至在得不到一致支持的情况下,集体也可以行动。于是我们就进入第三个阶段。

（3）所发生的第三件事情是,M_3 站起来也反对 X。因此,我们现在就从第二个阶段结束时的僵持状况转移到这样一种状况:目前还有一个未受到反对、支持不执行 X 的声音。倘若如此,就正当性而论,集体若想继续推进 X 就是错误的。

（4）然而,接下来 M_4 表示了他支持 X 的意见,于是我们又

---

① 霍布斯说:"由偶数组成的代表机构往往会使持相反意见的人相等,尤其是在人数不多的情况下,因此就经常处于哑口无言的状态,结果也就无法采取任何行动。"(Hobbes, *Leviathan*, Ch. 16, 114)

回到第二阶段结束时我们所处的位置——瘫痪状态。就同意而论,现在没有什么用来支持 X 的东西不可以用来反对它。面对这种令人不快的局面,这个集体的主席说,"其他人还有话说吗?"

(5) 在最后一分钟,M_5 跳起来说她不同意执行 X,她说:她反对执行 X。于是,情况现在又从第四个阶段结束时的僵持转移到除了出现一个新的不同意外、就没有其他事情发生的状况。在面对那个未受到反对的不同意时,该集体不可能正当地继续下去,因此它就必须停止 X。

这就是霍布斯对洛克式的同意的物理学的论述,它说明了多数决定能够得以发生的方式。

六

[151]我们所开始的那个忧虑是,当立法表现为多数决定的结果时,它看起来是任意的(arbitrary)。如果立法决定只是基于数量方面的权威,那么我们怎能认为它们是法律的一个有尊严的来源? 在第五节中,通过将数人头与正当和公平之要求联系起来,我试图回答这个忧虑。在很多问题上我们需要有一个共同的决定,而在解决这种问题时,当人们持有全然不同的观点的时候,多数决定就可以成为一个看上去有礼貌而不是任意的政治程序。

在本节中,我想进一步探究所谓的"任意"现象。目前我们必须考察的是那个关于分歧的假定。它无疑就是在这里制造障碍的东西,就是让我们用数人头这种粗糙的算术来取代有理有据的协商过程的东西。

协商民主(deliberative democracy)的现代倡导者强调对话和全体一致是一种重要的程序价值。他们说,从理想的角度来看,"协商旨在获得一种理性地驱动起来的一致同意——寻找对所有人都有说服力的理由,只要他们决定按照平等的个体对各项取舍所做的自由的、有理有据的评价的结果去行动。"①现在,从协商的逻辑来看,这样一个目的肯定很重要。诚实地辩论就是要提出(一方认为)对方应该接受的理由。对于两人或多人来说,将辩论进行到底就在于认真对待如下可能性:同样的考虑最终会让所有人信服。(若不是这样,他们为何还要自寻烦恼去进行辩论呢?)然而,承认一致同意就是协商的内在目的不等于把它作为适当的政治结果来加以坚持。这就是协商民主理论家出错的地方。[152]他们假设不一致或分歧必然暗示了协商是不完备的或是政治上不令人满意的。他们的探讨意味着:如果理性失败了,如果一致同意是我们得不到的,如果除了数人头之外就无事可做,那么协商政治就必定有毛病。实际上,有些人甚至进一步暗示说,我们只能确信:如果一个政治过程得出了一致同意的结果,那么它是协商式的。有人告诉我们,一种协商政治

　　寻求一个人人都能同意的答案,因为这个答案就是从某个辩论中得到的,在这样一场辩论中,假若有一些规则并不把任何人处理为有特权的,并不把任何答案处理为具有既定的优惠地位,那么每个人都可以在这些规则下自由而充分地提出自己有理有据的判断。……既然每个人都能提出自己有理有据的判断,每个人也都能确保在这个答案中得到实现的那种互惠就包含着他自己的善。既然每个人都不具有特权,每个人也就只能用这种方式来确保这一点:平等地将其他人的善包含进来,并因此而展现自己对其他人及其努力的尊重。如果所有人都是在一种有理有据的相互交流中去寻求人人都能同意的答案,那么这种交流就可以导致全体一致的同意。

① 参见 Cohen, "Deliberation and Democratic Legitimacy", 23。

因此，协商政治的程序是由其结果必须满足的标准来通告的。①

按照这样一个论述，对投票的需要必定看来就等于承认失败，也许是因为最终期限到了或是出于某些实际考虑，又或是由于某些党派或所有党派的那种无法改变的无知或偏见。

因此，对于协商民主理论家来说，在他们对协商的说明中，尝试边缘化投票及其所涉及的程序（例如多数决定）就成为一种很有吸引力的做法。这可以用几种方式来处理。协商的理想在其应用上可以限于这样一些人：他们享有共同的理解（即不太可能发生分歧），并认为政治就在于确定那些理解是什么。② 或者，协商的理想可以被限制到他们认为往往更容易取得一致同意的政治领域，例如宪法政治。③ ［153］抑或他们可以断言，若投票被认为有必要，那么参与者的动机肯定在某个地方出了错。第三个策略最为常见，也最令人不安。就像卢梭一样，协商民主理论家往往有这样一种怀疑：多数派和少数派的划分本身就表明某些人或所有人是在自我利益的狭隘基础上进行投票，而不是按照协商模型所预设的精神来提出公共利益问题。④ 他们承认有一个次优理论问题，即如何改变人们的动机，培养协商政治理想地预设的公民美德和对公共利益的关注。此外，他们认为，只要我们得到了一种真正的协商民主，差不多也就不需要数票这种肮脏的事情了（至少在某些原则问题上）。立法之所以有权威，是因为它是经过协商产生出来

---

① Gauthier, "Constituting Democracy", 320.

② 参见 Walzer, *Spheres of Justice*。德沃金对此提出了批评，见 Dworkin, *A Matter of Principle*，第 216 页及以下。

③ 这似乎就是高蒂尔采取的策略。参见 Gauthier, "Constituting Democracy", 322。

④ Rousseau, *Social Contract*, Bk. IV, Chs. 1−2, 247−251. 其他作者也表达了类似的关注，例如，见 Young, "Communication and the Other", 125−126.

的，而不是因为它得到了多数人颁发的证书。

　　然而，假设我们从对立的前提开始，假设我们一开始就规定：虽然协商是重要的，但不论是在协商前还是协商后，人们在正义和政策问题上都很容易发生分歧。① 如果我们做出这个规定，那么我们就可以坚持认为，对法律和政治所提出的任何适当的规范理论都必须考虑这个规定，并因此对任意的和非任意的决策程序之间的区分提出自己的看法。

　　这个规定（即总有可能发生分歧）会是一种怎样的规定呢？ 人们忍不住会坦率地说，"一个现实主义的规定"。但是，它多于现实主义。我认为，我们必须把持续不断的分歧的可能性视为现代政治的一个基本条件。假若我们在不考虑这个条件的情况下就开始研究政治，[154]那么我们对政治提出的很多说法就没有多大意义（这就是为什么在"协商政治"这个标题下所说的很多东西就像梦话）。这里有一个类比。考虑罗尔斯的"正义环境"（circumstances of justice）的思想。所谓"正义环境"，罗尔斯指的是人类条件的事实方面，例如资源的适度短缺和个人的有限的利他主义等等，它们使得既是一个美德又是一种实践的正义变得可能和必要。② 沿着类似思路，我们可以说，在公民作为一个政治团体应该做什么这个问题上，他们之间可以发生分歧，这种分歧就是一个政治环境（circumstances of politics）。它当然不是全部政治环境：即使我们在"要做什么"这个问题上有分歧，我们仍然觉得需要一起行动。就像正义环境中的资源短缺和有限的利他主义一样，在政治环境中，

---

①　参见 Knight and Johnson, "Aggregation and Deliberation", 286-287。

②　Rawls, *A Theory of Justice*, 126-130. 对"正义环境"的经典说明是休谟给出的，参见 Hume, *A Treatise of Human Nature*, Bk. III, Part II, sect. ii, 493-495, 以及 Hume, *An Enquiry Concerning the Principles of Morals*, Section III, Part I, 183-192. 亦可参见 Hart, *The Concept of Law*, 193-200, 在"自然法的最小内容"那个标题下，哈特提出了一个类似的思想。

也存在两个方面的因素的耦合：一方面，如果人们不是更喜欢共同的决定，那么分歧就不重要；另一方面，如果在"共同的决定应该是什么"这个问题上至少不存在发生分歧的可能性，那么对共同决定的需要就不会产生我们现在所了解的那种政治。按照这个论述，通过想象来消除分歧的持续存在，就宛如在一个分配正义理论中想当然地认为并不存在资源短缺。当然，在哲学中，做出某些理想的假设确实无可厚非，但是，在政治哲学中，不管我们在主观上不希望有什么其他的东西，我们也不应该希望摆脱如下事实：我们发现我们自己是与很多人一道生活和行动，而就正义、权利或政治道德而论，我们与他们分享一个观点的希望很渺茫。①

就全面性的宗教、伦理和哲学观点而论，自由主义者为承认分歧做了很好的工作。因此罗尔斯坚持认为，"冲突且不可调和的全面性学说的多样性……不是很快就可以消失的一个单纯的历史条件，而是公共的民主文化的一个永恒特点。"②[155]（实际上，这种多样性也是一个正义环境。）③对于这种分歧的持续存在，罗尔斯提出了一个说明，④然后得出如下结论：所幸，我们并不需要在社会上享有一个关于宗教、伦理和哲学的共同观点。但是，罗尔斯式的自由主义者做了一件很糟糕的事情：他们承认，在他们认为我们确实需要享有一个共同观点的问题上，分歧依然不可避免，即使这种分歧（正如我所论证的）是现代民主政治的最显著的特点。⑤

---

① "政治环境"这一论题值得比它目前在政治哲学和法哲学中所得到的关注更多的关注。我相信，它就是政治领域中特有的很多美德的基础，而且对于理解程序决策的规则以及相伴随的权威和义务的观念必不可少。

② 见 Rawls, "The Domain of the Political and Overlapping Consensus", 246。

③ Rawls, *A Theory of Justice*, 127.

④ 这就是关于"判断的负担"的论证，见 Rawls, *Political Liberalism*，第 59 页及以下。

⑤ 实际上，这个特点不仅是现代政治的最显著的特点，而且，当我们对权利和正义问题（在这些问题上，我们被假设都是专家）进行辩论的时候，它也是政治哲学家彼此互动的最显著的特点。

罗尔斯及其追随者可以回答说,他们的工作就是要探究"一个良序社会"的观念,而按照罗尔斯的定义,在这样一个社会中,成员们享有一个关于正义的观点。① 他们之所以认为这是一个需要加以探究的重要思想,很大程度上是因为他们(很正确地)相信,说一个问题是一个正义问题,就是说我们需要在这个问题上按照一个共同的观点来一起行动。然而,对一个共同的观点的需要不会让分歧事实上就消失了。倒不如说它意味着,在正义问题上,行动的共同基础必须在我们的分歧最激烈的时候淬炼出来,而不是通过假设一种只是作为理想而存在的冷静的一致同意来断定的。

这些思考不只是抽象的理论考虑。在美国、西欧以及所有其他民主国家,立法机构为了让社会变得更安全、更文明、更公正而采取的每一个步骤,都是面对一个分歧的背景来采取的,但仍然是用这样一种方式来采取的——若有人诚实地反对公认的标准,就要设法保留了他们的忠诚和承诺(尽管往往是有点勉强的忠诚和承诺)。禁止使用童工、改革刑事过程、废除种族隔离、在工厂设立保健和安全条例、解放女性——在这些立法成就中,[156]每一项都是在我所说的政治环境中得到保证的,而不是在任何一种与正义的共识(罗尔斯主义者认为一个良序社会不可或缺的那种共识)有几分相似的东西中得到保证的。而且,在这些成就中,每一项都是在政治环境中来主张它们作为法律应有的权威和应得到的尊重,其中就包括这样的环境:在那里,在"这项成就是不是在正确的方向上采取的步骤"这个问题上,人们也会发生分歧。这种立法并没有简单地主张权威和尊重暗示了一个理想社会的轮廓;假若它这样做,具有不同见识或社会理想的人们就会不予理睬。

---

① Rawls, *Political Liberalism*, 35. 罗尔斯说,在把一个社会称为"良序"社会的时候,我们所要传达的思想中包含了这样一个思想:"在这样一个社会中,每个人都接受同样的正义原则,而且知道其他每个人也都接受同样的正义原则……"。

七

如果我们接受了这个关于政治环境的论点，那么，面对"多数主义立法是任意的"这一指控，我们就可以构想一个强有力的正面回答。

首先要说的是，立法的尊严、其权威的根据以及它要求我们加以尊重的主张，都与它所取得的成就密切相关。我们对立法的尊重在很大程度上就是我们对一项成就的赞颂，即在现代生活环境中所取得的那种具有协同性、合作性和协调性的行动，也就是说，集体行动。

我们大多数人都以各种各样的方式、出于各种各样的理由而相信，我们应该一起行动或者一道来组织事情。只有当我们大多数人在一个共同的行动方案中来发挥自己的作用时，有很多东西才能获得。很多事业，例如保护环境、操办医疗保健系统、保证市场经济运作的条件、为解决纠纷提供一个基础，都会遭受失败，除非人们同心协力地行动——遵守规则、参与实践以及建立制度。同心协力地行动并非易事，[157]特别是在下面这种情况下：人们认识到自己是作为个体而存在的，而且，与其他人一起行动可能会与他们自己的小规模的生活计划发生冲突。事实上，在这种事情确实发生时，同心协力地行动就成为了人类生活的一项成就。①社会选择理论家提醒我们，甚至在潜在的参与者都对一项共同事业表示同意、都希望它取得成功的情况下，同心协力地行动还是会经常遭受失败。因此，当一大群人在某个共同的关注下一起行动时（即使他们之间在"究竟要做什么"这个问题上仍有分歧），那该

---

① 对协同行动及其实现的脆弱性的强调占据了汉娜·阿伦特的政治哲学。见 Arendt，*The Human Condition*，第 199 页及以下。

是一项多大的成就啊！

　　在政治环境中，掷硬币可以成为决定一项共同的行动方案的一种方式。如果行动的最后期限日益临近，如果协调一致地行动的需要变得越来越紧迫，那么我们就可以采纳任何一种使得某个行动方案变得更加突出的方法，不管它是不是任意的。如果事关重大，我们甚至可以用一种尼采式的或者存在主义的精神来赞美这种方法。在这里我想起了一件事：有一次全系教师开会，讨论应该雇佣两位候选者中的哪一位，在几小时的争论后仍无结论，于是会议决定掷硬币来做选择，当时人人都为这个决定欢欣鼓舞。

　　那么，多数决定要用这种精神来加以尊重吗？它是否只是这样一种技术设施：在我们想一起行动、而在"要做什么"这个问题上又陷入僵局时，它使我们能够选择一个行动方案——任何行动方案？

　　任何决策程序，只要关注政治环境，看来就必定是技术性的。假设我和两位朋友面临一个我们都在考虑的决策问题：我们希望在某件事 M 上一起行动，但是，我们当中一个人认为遵循政策 X 很重要，另一个人认为遵循政策 Y 很重要，而且，我们当中任何人都没有理由认为，其他人中的任何一个人会对 M 的价值做出比自己更好的判断。[158]进一步假设，我们都知道 M 要求一项共同政策，而我们每个人在这项政策中都会发挥一个独立的和必要的作用；而且，我们每个人在 X 中即将发挥的作用与我们每个人在 Y 中即将发挥的作用相反（在如下意义上：如果任何一个人在一项政策中发挥了指定给他的作用，那么剩余的人在另一项政策中就不能发挥指定给他们的作用了）。在这种情况下，每个人都做他们认为对 M 来说具有重要性的无论什么事情，这显然不是决定一项共同政策的方式。我们必须找到一种方式，把我们三个人都能参与的单独一项政策选择出来，即使我们对这项政策的价值仍有不同看法。而且，一旦遵循了这个选择方法，每个人都要独立行动；

既然如此,每个人都必须有一种方式把拟定政策中的一项政策鉴定为"我们的"政策,也就是说,鉴定为"我们"正在遵循的那项政策。这种能力必须不涉及使用任何与标准 C("做对 M 来说具有重要性的事情")相似的标准。之所以如此,是因为:正是在 C 的应用上出现的分歧首先产生了那个决策问题。因此,我们每个人用来把一项政策鉴定为"我们的"政策的那种方式,与 C 相比较,必定看起来就是任意的(尽管相对于这个决策问题来说不是任意的)。多数表决满足了这个要求,因为该群体的任何成员都可以(举个例说)把 Y 鉴定为"多数人喜欢的那项政策",不管他们是否认为 Y 满足了 C。

但是,我们能够对多数原则所说的,难道就只是它是一个成功的技术设施吗? 我认为,我们还可以沿着我所说的"同意的物理学"的路线多说一点。多数主义不只是一个有效的决策程序,还是一个有礼貌的程序。它用两种方式来尊重各个人。首先,它不仅尊重而且还认真看待如下事实:人们对正义和共同利益的意见分歧是实实在在地存在的。多数决定不会因为一致同意的那种虚构的重要性就要求贬低或压制任何人的观点。[159]在命令我们将它作为一个决策程序来支持和尊重时,它没有要求任何人在实际上没有一致同意的时候假装认为存在着一致同意,而这样做还只是因为我们认为应当存在一致同意——不管是因为有一致同意胜于根本就没有一致同意,还是因为我们当中一些人觉得正确的观点看来如此明显地正确,因此无法想象怎么还会有人持有对立的观点。

有些人假设对立的观点必然属于无知或偏见,或者必然是自我利益导向的,抑或是立足于对道德实在的不充分的沉思,因此他们就忍不住认为这种观点在值得尊敬的协商(如果你愿意这样说的话)中"不值得关注"。但是,这种诱惑是危险的。这样一种态度体现了如下想法:正义、权利或政策问题上的真理是单一的,而一致同意就是真理的自然体现,因此就需要用某种特殊的说明——协商过程中的某个病态因素,例如自我利益的挥之不去的影响——来解释分歧,因此这种说明就可以被当作一个理由,用来无视"不正常"的观点。

我想到的那种尊重——在多数原则中体现出来的那种尊重——关系到拒斥这种推理。它无需涉及拒斥那个关于真理的单一性的前提,也就是说,它无需涉及与相对主义有几分相似的东西。尊重关系到我们在一种特殊的环境中如何彼此对待我们就正义持有的信念(在那种环境中,任何人都不是自我认证的),而不是关系到我们如何对待关于正义本身的真理(毕竟这种真理绝不会亲自出现在政治中——若出现的话,也只是以某个人的有争议的信念的形式出现)。① 尊重也不只是关系到不可靠,尽管只要人们对正义持有某个观点,他们必定会认为自己有可能出错,而且告诫自己在行动时千万不要忘记这种可能性。倒不如说,不管我多么确信自己的观点是正确的,[160]我都必须理解:政治之所以存在,用阿伦特的话说,是因为"不是只有一个人栖息在地球上,而是所有人都栖息在地球上,并在他们之间形成了一个世界"②——政治世界并不是一个人的世界,而是多数人的世界;对于摆在我们面前的任何问题,并不是只有我一个人才去思考,而是有很多不同的人都在思考;因此,认为理性的人们会发生分歧,这并不是一件预料不到的事情,一件不自然的事情,一件不合情理的事情。

我说过,多数主义有两种方式尊重个体。正如我们在第五节中看到的,它在政治行动的授权方面将各个人处理为平等的,以此来实现对个体的尊重。我推测,在某种意义上说,甚至掷硬币也是

---

① 亦见我在如下文章中对这一点的讨论,见 Waldron, "The Irrelevance of Moral Objectivity"。

② Arendt, *On Revolution*, 175.

将他们处理为平等个体的一种方式。或者更仔细地说，我们可以
有这样一种政治体制，在其中，每个人都把自己的观点放到一个容
器中，从中随机选出一个观点，然后作为一个社会、按照那个观点
去行动。（这种彩票系统可以被认为有一个优点：它使永远占据少
数人地位的那些人的观点可以得到考虑。）①每个人都有平等的机
会让自己的观点成为决定性的。但是，这是对平等的一种具有特
殊意义的理解。我们可以提出理由来表明，一种平等的分配就是
在最高的层次上与平等保持一致的分配。②倘若如此，多数原则
作为一个平等尊重原则就更胜一筹，因为与上述彩票提议相比，它
使每个人的表决有一个更大的机会决定结果。

　　然而，多数主义的反对者会说（这差不多是我要给出的最后一
个回答），以这种机械的方式把同等的分量给予人们的投票，这难
道不是一种任意做法吗？我们可以回想一下密尔在《对代议制政
府的考虑》中提出的见解。密尔极其强烈地认为：

　　　　每个人通常都有权要求自己的声音在人人都感兴趣的问
　　题的处理上得到考虑，取消他的这一权利就是对他不公。假
　　如他被迫交税，被迫去参战，被暗中要求服从，[161]那么他应
　　该有合法的资格……要求征得自己的同意，要求自己的意见
　　用与其价值相称的方式得到考虑。③

　　但是，密尔补充说，"不是以多于其价值"的方式得到考虑。公
平并不要求一个聪明博学的人的观点与一个无知愚昧的人的观点
要有同样分量——在决定性上要有同样潜力。实际上，可以表明

---

① 　感谢大卫·海德向我指出这一点。
② 　参见 Vlastos，"Justice and Equality"，第 62 页及以下。
③ 　Mill，*Considerations on Representative Government*，Ch. 8，329.

公平恰恰要求相反的东西，至少当公平具有"没有任何人能够合理地拒斥"这一含义的时候。正如密尔所说：

> 如果一个人的存在受到无视，其观点根本就得不到考虑，那么任何一个这样的人都有权觉得自己受到了侮辱。相比较，除了傻瓜之外，没有谁会因为承认有些人的意见和愿望有资格比自己的意见和愿望得到更多的考虑而觉得自己受到了冒犯。①

因此，一个对理性、智慧和经验上的公认差别进行回应的平等尊重概念可以辩护某种多次投票制（plural voting scheme），而不是隐含在简单的多数决定中的那种同等权重。②

在政治环境中，是否有可能为了这些差别而对智慧等等的标准进行辩护（或者达成一致意见），这是另一个问题。如果智慧的标志就在于在过去达到了公正的决定，而人们对于"什么算作公正的决定"仍有分歧，那么就不清楚我们如何决定谁有智慧、谁在刚才提出的第一个意义（即尊重分歧的实在性及其含义）上历来都做到了尊重人。

对查尔斯·贝茨（Charles Beitz）提出的一个观点，也可以做出类似评论。贝茨认为，从平等尊重到多数决定的任何推理，都将不得不"体现对这个更基本的原则［即平等尊重］的一种狭窄得难以置信的理解，在政治结果的内容方面的实质性关怀已从［162］……那种理解中被排除了。"③贝茨无疑是正确的："平等地尊重人"这一概念通常就是以这样一种方式来使用的——这种方式不仅传达

---

① Mill, *Considerations on Representative Government*, Ch. 8, 335.
② 亦可参见 Rawls, *A Theory of Justice*, 232—234。
③ Beitz, *Political Equality*, 64.

了说话者对"政治决定是如何达到的"这一问题的看法,也传达了他们对于这个结果本身对个人的实质性影响的看法。因此,这样一个说话者就不会确信平等尊重需要多数决定,因为他们知道多数决定可以导致某些结果,而这些结果(就像他们所相信、而且也许正确地相信的那样)并没有让个人得到他们应得到的实质性尊重。①

　　然而,我们再次可以看到,在政治环境中,这个宽泛的尊重概念是不能以社会的名义来派上用场的。我们之所以需要一个决策程序,是因为:对于什么东西算作一个实质上有礼貌的结果,我们是有争议的;在这种情况下,将实质性的东西再次"合拢为"程序性的东西的做法,必然会给予一个有争议的观点(一个关于尊重要求什么的观点)以特权,并因此而不能尊重他人。因此,在政治环境中,人们能够与之相处的不外乎就是对平等尊重的那种"狭窄得难以置信的理解"。我希望我已经让读者确信,在平等尊重的这种必然"很贫困"的意义上,多数决定是唯一符合平等尊重的决策程序。②

八

　　在本书中,我的策略一直都是这样的:以政治理论中的权威人物之名,来巩固一个国民议会(它可以被看作法律的一个值得尊敬

---

①　参见 Dworkin, *A Matter of Principle*, 59—69。
②　贝茨可以用如下说法来回答:如果我们确实不得不用一个狭窄的、程序性的"尊重人"的概念来工作,那么,从这个概念中我们可以推出的唯一决策方法,就是在一种与罗尔斯式的契约论相似的东西中体现出来的全体一致要求(参见 Beitz, *Political Equality*, 63)。但是,全体一致当然就是在政治环境中不可得到的东西,而这种环境就是我们在其中实际上需要一个决策程序的唯一环境。不管怎样,正如贝茨自己注意到的,契约论的全体一致要求现今往往被看作一种实质性的启发设施,而不是一个程序模型的基础。正是因为这个缘故,就像一切以具体问题为导向的探讨一样,这个要求也忽视了实质性的分歧这一事实。

的来源)可以用立法的名义做出的主张。正如我一开始就指出的，我们不是在寻找这方面的"普通嫌疑犯"。例如，我们还没有去依托边沁或卢梭。我们依托亚里士多德，尽管他被认为在理论上提倡有差别的政治美德；[163]我们依托洛克，尽管他被认为用自然权利来限制立法机构；我们依托康德，尽管他被认为是自主的道德推理的领先倡导者。在他们的理论中，我们发现了大量关于立法的必要性的见识，发现了一个多元的议事会可以对立法做出的独特贡献，发现了多数主义作为一个决策程序而表现出来的有礼貌的一面。

　　然而，如果我就此结束本书而不去论断说，在这三位理论家当中(或者，在四位理论家当中，假若把本章所考虑的霍布斯也包含在内的话)，没有任何一位可以被合理地看作大众立法的倡导者(例如，沿着这些路线，一种全民表决的倡导者，或者加州那种公民动议权的倡导者)，那么我就不诚实了。对康德来说，所有人的平等参与充其量是一个理想的理论假设。① 洛克觉得最自在的是一种代表制议会(类似于众议院)，或者也许是一种混合的立法机构，例如由贵族、平民和君主构成的立法机构(II. 213)，而且，按照洛克的某些解释者的说法，他几乎不会接受全民选举的思想。② 亚里士多德的深思熟虑的观点好像一直都有利于一种混合政体，而不是《政治学》第三卷我们所考虑的那几章中他所摆弄的那种至高无上的全民会议。③ (即使我们不考虑雅典人对立法抱有的那种矛盾情结，而这种情结也恰好体现在世纪之交的美国法理学中，对此，本书第二章一开始曾有所论及。)④

① 　Kant，"On the Common Saying"，第74页及以下。
② 　例如，参见 Wood，"Locke Against Democracy"。
③ 　在《政治学》第四卷中，亚里士多德提出了一些关于制度设计的规定，这些规定在很大程度上达不到完全民主制的要求。
④ 　参见 Ostwald, *From Popular Sovereignty to the Sovereignty of Law*，特别是第2章以及第5—6章。

对于我在本章一直在研究的论证来说,这一点特别重要。在洛克和霍布斯那里,多数决定都是作为一个新形成的政治共同体用来做出最基本的决定的一个原则而被捍卫。在霍布斯那里,它是作为选择主权者的一个基础而被捍卫;在洛克那里,它是作为建立立法机构、选择随后的政治决策规则的形态和特征的一个原则而被捍卫。① [164]正如洛克所说,最初的多数人可以为自己保留立法职能,

> 因此政府的形式就是纯粹的民主制;或者,他们可以把立法权交到少数精选出来的人手中,……因此政府的形式就是寡头制;或者,他们可以把立法权交到一个人手中,因此政府的形式就是君主制。(Ⅱ:132)

虽然(正如我们在第四章所看到的)洛克认为有很好的理由支持选择一个代表制议会——"人民的集合体,不管是称之为参议院、议会,还是称之为什么别的东西"(Ⅱ:94)②——但这些理由都是出于政治审慎而提出的,与我们一直在考察的那个洛克式的论点(多数决定是"自然的")无关。大多数人民之所以被赋予一种首要地位,是因为任何其他安排都是人为的(尽管不是不受欢迎的)(Ⅱ:99)。③ 换句话说,我在此次演讲中一直在考虑的洛克和霍布斯的论证,向来都不是关于立法本身的论证,而是关于一种基本需要的论证——我们需要从一个政治社会本身的概念来推断某个决

---

① Hobbes, *Leviathan*, Ch. 18; Locke, *Two Treatises*, Ⅱ:132.

② 亦可参见 Locke, *Two Treatises*, Ⅱ:143。

③ 正如霍布斯所说,"在这三种政府形式中,按照时间顺序第一种是民主制,而且必须是民主制,因为不论是寡头制还是君主制都要求人员的任命得到同意;在大众当中,这种同意必定就在于多数部分的同意;在多数部分的表决涉及其余部分的表决的地方,实际上就是一种民主制"(Hobbes, *De Corpore Politico*, Ch. 21, 118－119)。

策程序。正如约翰·邓恩(John Dunn)所观察到的：

> 在缺乏任何历史上公认的决策程序的情况下，一个政治社会的概念就在一切立法问题上规定了多数表决。但是，在17世纪的英国，或者就此而论，在洛克曾经提到的任何长期的政治共同体中，当然不存在任何与那种状况相似的东西。毫无疑问，洛克会把国民整体在一切问题上的多数表决，看作一种极其危险而且实际上荒谬的政治结构。……他对多数人在政治选择中的地位的评论，就是他对政治正当性概念提出的正式分析的一部分。这些评论在任何意义上都不是对社会组织的恰当形式的建议。①

[165]所以，如果我们认为多数人立法是件好事，那么我们就没有资格认为，之所以如此，乃是因为伟大的洛克提出了这个建议。

然而，在本书中，我无意将亚里士多德、霍布斯、洛克和康德当作圣贤来引用。② 我们考察洛克在《政府论·下篇》第八章一开始提出的论证，是因为我们听到有人说多数决定是一种"任意的"决策程序，我们想看看在这个问题上有没有其他说法。洛克论证说多数决定在某个情景中不是任意的，他在那里提出的论述向我们提供了一些资源，由此我们就可以表明，在其他情景中，我们利用这个原则的实践也不像有人可能认为的那样是任意的。康德对统一的法律之必要性的论述，亚里士多德对多数人之智慧的论述，也是如此。这些论述既不是预言，也不是政策提议或宪法修正案；它们是被嵌入我们的丰富多彩的政治思想传统中的论证，是我们在

---

① Dunn, *The Political Thought of John Locke*, 129-129.

② 参见 Waldron, "What Plato Would Allow"。

用自己的声音来思考一个问题时我们所从事的那种活动在过去的实例。这个问题就是：在处理有争议的原则问题上，法院是否胜于立法机构。这些问题不是昨天才出现的，因此，我们就得提醒自己（特别是在法理学中），在政治理论的这些领域，几百年来或甚至几千年来，人们就在争论不休了。

在第二章末尾，我提到了马基雅维利提出的一个警告：我们不应该被喧哗与骚动、冲突与分歧、下层社会的气味或声音所误导，从而认为一种不雅的政治必然是一种不健康的政治的征兆，或者大众参与必然是混乱的迹象。① 政治科学家大概比法律学者更容易学会这个教训，因为前者是在政治理论的粗俗光彩中与之相联系，[166]而后者往往在哲学上将自己限制到对司法推理之本质的法理学讨论的低沉声音中。他们因此对法律的各种来源的尊严或身份形成了他们的看法。本书试图采取一种异花受精的做法。我们需要让法理学比往常更接近人们在理论上思考政治的多种方式：因为不管法理学说什么，法律归根到底都要被视为政治的一个分支。但是，我希望本书也有助于政治理论家看到，法哲学中所讨论的问题并没有超越他们的领域，反而提供了一个有益的焦点来刷新我们对一些文本的理解，而要是没有这样一个焦点，这些文本就会因为太令人熟悉而难以挖掘新意。

---

① Machiavelli, *Discourses on Livy*, II, Ch. 6, 16.

参 考 文 献

Ackerman, Bruce, *Social Justice In the Liberal State* (New Haven: Yale University Press, 1980).

Aquinas, Thomas, *On Princely Government*, in Aquinas, *Selected Political Writings*.

Selected Political Writings, edited by A. P. d'Entrèves (Oxford: Basil Blackwell, 1959).

Treatise on Law (Summa Theologica, Questions 90 — 97), edited by Stanley Parry (Washington: Regnery Gateway, 1988).

Arendt, Hannah, *The Human Condition* (Chicago: University of Chicago Press, 1958).

On Revolution (Harmondsworth: Penguin Books, 1973).

Lectures on Kant's Political Philosophy, edited by Ronald Beiner (Chicago: University of Chicago Press, 1982).

Aristotle, *Nicomachean Ethics*, translated by Sir David Ross (London: Oxford University Press, 1954).

The Politics, edited by Stephen Everson (Cambridge: Cambridge University Press, 1988).

Arrow, Kenneth, *Social Choice and Individual Values* (New York: Wiley, 1951).

Austin, John, *Lectures on Jurisprudence*, Fifth Edition, edited by R. Campbell (Edinburgh: John Murray, 1885).

Bagehot, Walter, *The English Constitution* (London: Oxford University Press, 1928).

Baldwin, S. E. , *Two Centuries' Growth of American Law* 1701 − 1901 (New York: C. Scribner's Sons, 1901).

Barry, Brian, *Political Argument* (London: Routledge and Kegan Paul, 1965). "Is Democracy Special?" in Laslett and Fishkin (eds.) *Philosophy, Politics and Society*.

Beiner, Ronald, *Political Judgment* (London: Methuen, 1983).

Beitz, Charles, *Political Equality* (Princeton: Princeton University Press, 1989).

Benhabib, Seyla (ed.), *Democracy and Difference: Contesting the Boundaries of the Political* (Princeton: Princeton University Press, 1996).

Bentham, Jeremy, *An Introduction to the Principles of Morals and Legislation*, edited by J. H. Burns and H. L. A. Hart (London: Methuen, 1970).
Of Laws in General, edited by H. L. A. Hart (London: Athlone Press, 1970).
A Comment on the Commentaries and A Fragment on Government, edited by J. H. Burns and H. L. A. Hart (London: Athlone Press, 1977).

Berlin, Isaiah, *The Crooked Timber of Humanity: Chapters in the History of Ideas* (New York: Knopf, 1990).

Bickel, Alexander, *The Least Dangerous Branch: The Supreme Court at the Bar of Politics*, Second Edition (New Haven: Yale University Press, 1986).

Blackstone, William, *Commentaries on the Laws of England* (Philadelphia: J. B. Lippincott & Co. , 1864).

Bosanquet, Bernard, *The Philosophical Theory of the State*, Second Edition (London: Macmillan & o. , 1910).

Brest, Paul, "The Misconceived Quest for the Original Understanding, "*Boston University Law Review*, 60 (1980).

Calabresi, Guido, A Common Law for the Age of Statutes (Cambridge, Mass. : Harvard University Press, 1982).

Chapman, John and Wertheimer, Alan (eds.), *Nomos XXXII: Majorities and Minorities* (New York: New York University Press, 1990).

Cohen, Joshua, "Deliberation and Democratic Legitimacy, " in Hamlin and Pettit (eds.), *The Good Polity*.

Coleman, Jules L. , "Negative and Positive Positivism," in Coleman, *Markets, Morals and the Law*.

Markets Morals and the Law (Cambridge: Cambridge University Press, 1988).

Condorcet, Marquis de, "Essay on the Application of Mathematics to the Probability of Decisions Reached by Majority Vote," in Condorcet, *Selected Writings*.

Selected Writings, edited by Keith Michael Baker (Indianapolis: Bobbs-Merrill, 1976)

Copp, D. , Hampton, J. , and Roemer, J. (eds.), *The Idea of Democracy* (Cambridge: Cambridge University Press, 1993).

Dahl, Robert A. , *Democracy and its Critics* (New Haven: Yale University Press, 1989).

Dunn, John, *The Political Thought of John Locke : An Historical Account of the Argument of the "Two Treatises of Government"* (Cambridge: Cambridge University Press, 1969).

Duxbury, Neil, *Patterns of American Jurisprudence* (Oxford: Clarendon Press, 1995).

Dworkin, Ronald, *Taking Rights Seriously*, Revised Edition (London: Duckworth, 1977).

A Matter of Principle (Cambridge, Mass. : Harvard University Press, 1985).

Law's Empire (Cambridge, Mass. : Harvard University Press, 1986).

Eskridge, William N. , *Dynamic Statutory Interpretation* (Cambridge, Mass. : Harvard University Press, 1994).

Estlund, David M. , Waldron, Jeremy, Grofman, Bernard, and Feld, Scott L. , "democratic theory and the Public Interest: Condorcet and Rousseau Revisited," *American Political Science Review*, 83 (1989).

Farber, Daniel A. and Frickey, Philip P. , *Law and Public Choice : A Critical Introduction* (Chicago: University of Chicago Press, 1991).

Franco, Paul, *The Political Philosophy of Michael Oakeshott* (New Haven: Yale University Press, 1990).

Fuller, Lon, *The Morality of Law* (New Haven: Yale University Press, 1964).

Gauthier, David, "Constituting Democracy," in Copp et al. (eds.) *The Idea of Democracy*.

George, Robert (eds.), *Natural Law Theory: Contemporary Essays* (Oxford: Clarendon Press, 1992).

Gray, John Chipman, *The Nature and Sources of the Law*, Second Edition (New York: Macmillan, 1927).

Grofman, Bernard and Feld, Scott, "Rousseau's General Will: A Condorcetian Perspective," *American Political Science Review*, 82 (1988).

Gutmann, Amy, *Liberal Equality* (Cambridge: Cambridge University Press, 1980).

Gutmann, Amy and Thompson, Dennis, *Democracy and Disagreement* (Cambridge, Mass.: Harvard University Press, 1996).

Guyer, Paul (ed.), *The Cambridge Companion to Kant* (Cambridge: Cambridge University Press, 1992).

Hamlin, Andy and Pettit, Philip (eds.), *The Good Polity: Normative Analysis of the State* (Oxford: Basil Blackwell, 1989).

Hart, H. L. A., "Positivism and the Separation of Law and Morals," reprinted in Hart, *Essays in Jurisprudence and Philosophy*.

Essays in Jurisprudence and Philosophy (Oxford: Clarendon Press, 1983).

"Are There Any Natural Rights?" in Waldron (ed.) *Theories of Rights*.

The Concept of Law, Second Edition, edited by Penelope Bulloch and Joseph Raz (Oxford: Clarendon Press, 1994).

Hayek, F. A., *The Constitution of Liberty* (London: Routledge and Kegan Paul, 1960).

Law, Legislation and Liberty, Volume I, *Rules and Order* (London: Routledge and Kegan Paul, 1973).

Hobbes, Thomas, *De Cive: The English Version*, edited by Howard Warrender (Oxford: Clarendon Press, 1983).

Leviathan, edited by Richard Tuck (Cambridge: Cambridge University Press, 1988).

De Corpore Politico, edited by J. C. A. Gaskin (Oxford: Oxford University Press, 1994).

Hume, David, *A Treatise of Human Nature*, edited by L. A. Selby-Bigge (Oxford: Clarendon Press, 1888).

An Enquiry Concerning the Principles of Morals, edited by L. A. Selby-Bigge (oxford: Clarendon Press, 1902).

Jefferson, Thomas, *The Political Writings of Thomas Jefferson*, edited by Edward Dumbauld (New York: Liberal Arts Press, 1955).

Kant, Immanuel, *Critique of Judgment*, translated by J. H. Bernard (New York: Hafner Press, 1951).

Critique of Pure Reason, translated by Norman Kemp Smith (London: Macmillan, 1964).

Grounding for the Metaphysics of Morals, translated by J. Ellington (Indianapolis: Hackett Books, 1981).

"An Answer to the Question: What is Enlightenment?" in Kant, *Political Writings*.

"Idea for a Universal History with a Cosmopolitan Purpose," in Kant, *Political Writings*.

"On the Common Saying: This May Be True in Theory, But It Does Not Apply in Practice," in Kant, *Political Writings*.

Political Writings, translated by H. Nisbet, edited by Hans Reiss (Cambridge: Cambridge University Press, 1991).

The Metaphysics of Morals, translated by Mary Gregor (Cambridge: Cambridge University Press, 1996).

Kelley, Donald R. , *The Human Measure: Social Thought in the Western Legal Tradition* (Cambridge, Mass. : Harvard University Press, 1990).

Kendall, Willmoore, *John Locke and the Doctrine of Majority-Rule* (Urbana: University of Illinois Press, 1965).

Kersting, Wolfgang, "Politics, Freedom, and Order: Kant's Political Philosophy," in Guyer (ed.) *The Cambridge Companion to Kant*.

Keyt, David, "Aristotle's Theory of Distributive Justice," in Keyt and Miller (eds.) *A Companion to Aristotle's Politics*.

Keyt, David and Miller, Fred D. (eds.), *A Companion to Aristotle's Politics* (Oxford: Basil Blackwell, 1991).

Knight, Jack and Johnson, James, "Aggregation and Deliberation: On the Possibility of Democratic Legitimacy,"*Political Theory*, 22 (1994).

Langdell, C. C., "Dominant Opinions in England During the Nineteenth Century in Relation to Legislation, as Illustrated by English Legislation, or the Absence of it, during that Period,"*Harvard Law Review*, 19 (1906).

Laslett, Peter and Fishkin, James (eds.), *Philosophy, Politics and Society*, Fifth Series (Oxford: Basil Blackwell, 1979).

Laslett, Peter and Runciman, W. G. (eds.), *Philosophy, Politics and Society*, Second Series (Oxford: Basil Blackwell, 1969).

Lieberman, David, *The Province of Legislation Determined: Legal Theory in Eighteenth Century Britain* (Cambridge: Cambridge University Press, 1989).

Locke, John, *An Essay Concerning Human Understanding*, edited by P. Nidditch (Oxford: Clarendon Press, 1975).

Two Treatises of Government, edited by Peter Laslett (Cambridge: Cambridge University Press, 1988).

Machiavelli, Niccolo, *Discourses on Livy*, translated by Harvey C. Mansfield and Nathan Tarcov (Chicago: University of Chicago Press, 1996).

Macintyre, Alasdair, *After Virtue: A Study in Moral Theory* (London: Duckworth, 1981).

Whose Justice? Which Rationality? (Notre Dame: University of Notre Dame Press, 1988).

Mackie, J. L., *Ethics: Inventing Right and Wrong* (Harmondsworth: Penguin Books, 1977).

Madison, James, Hamilton, Alexander, and Jay, John, *The Federalist Papers*, edited by Isaac Kramnick (Harmondsworth: Penguin Books, 1987).

Maine, Henry Sumner, *Popular Government*, edited by William Carey (Indianapolis: Liberty Press, 1984).

Marmor, Andrei, *Interpretation and Legal Theory* (Oxford: Clarendon Press, 1992).

Marmor, Andrei (ed.), *Law and Interpretation: Essays in Legal Philosophy* (Oxford: Clarendon Press, 1995).

May, Kenneth, "A Set of Independent Necessary and Sufficient Conditions for Simple Majority Decision,"*Econometrica*, 20 (1952).

McLean, Iain and Hewitt, Fiona (eds.), *Condorcet: Foundations of Social Choice and Political Theory* (London: Edward Elgar, 1994).

Mill, John Stuart, *On Liberty* (Indianapolis: Bobbs Merrill, 1955).

Considerations on Representative Government (Buffalo, N. Y. : Prometheus Books, 1991).

Moore, Michael, "Moral Reality," *Wisconsin Law Review* (1982).

Murphy, Mark C. , "Acceptance of Authority and the Duty to Comply with Just Institutions: A Comment on Waldron," *Philosophy and Public Affairs*, 23 (1994).

Nichols, Mary, *Citizens and Statesmen : A Study of Aristotle's Politics* (Savage, Md. : Rowman and Little field, 1992).

Oakeshott, Michael, "The New Bentham," *Scrutiny*, 1 (1932−3).

Rationalism in Politics, and Other Essays (London: Methuen, 1962).

Pangle, Thomas, *The Spirit of Modern Republicanism* (Chicago: University of Chicago Press, 1988).

Pogge, Thomas, "Kant's Theory of Justice," *Kant-Studien*, 79 (1988).

Postema, Gerald J. , *Bentham and the Common Law Tradition* (Oxford: Clarendon Press, 1986).

Pound, Roscoe, "Common Law and Legislation," *Harvard Law Review*, 21 (1908).

Radin, Max, "Statutory Interpretation," *Harvard Law Review*, 43 (1930).

Rawls, John, *A Theory of Justice* (Cambridge, Mass. : Harvard University Press, 1971).

Political Liberalism (New York: Columbia University Press, 1993).

"The Domain of the Political and Overlapping Consensus," in Copp et al. (eds.) *The Idea of Democracy*.

Raz, Joseph, *The Authority of Law: Essays on Law and Morality* (Oxford: Clarendon Press, 1979).

Practical Reason and Norms, Second Edition (Princeton: Princeton University Press, 1990).

Rousseau, Jean-Jacques, *The Social Contract*, translated by G. D. H. Cole (London: Everyman, 1973).

Rubin, Edward, "Law and Legislation in the Administrative State," *Columbia*

Law Review, 89 (1989).

Ryan, Alan, *Property and Political Theory* (Oxford: Basil Blackwell, 1984).

Scalia, Antonin, *A Matter of Interpretation: Federal Courts and the Law* (Princeton: Princeton University Press, 1997).

Seeley, John, *Introduction to Political Science: Two Series of Lectures* (London: Macmillan, 1896).

Sen, Amartya, *Collective Choice and Social Welfare* (San Francisco: Holden-Day, 1970).

Shapiro, Ian and Decew, Judith Wagner (eds.), *Nomos XXXVII: Theory and Practice* (New York: New York University Press, 1995).

Simmel, Georg, "The Phenomenon of Outvoting," in Wolff (ed.) *The Sociology of Georg Simmel*.

Spitz, Elaine, *Majority Rule* (Chatham, N. J.: Chatham House, 1984).

Strachey, Lytton, *Eminent Victorians* (New York: Harcourt Brace and Company, 1918).

Taurek, John, "Should the Numbers Count?" *Philosophy and Public Affairs*, 6 (1977).

Thompson, E. P., *Whigs and Hunters: the Origin of the Black Act* (Harmondsworth: Penguin Books, 1977).

Thoreau, Henry David, "Civil Disobedience," in Thoreau, *Walden and Civil Disobedience*.

Walden and Civil Disobedience, edited by Michael Meyer (Harmondsworth: Penguin, 1983).

Tully, James, *A discourse on Property: John Locke and his Adversaries* (Cambridge: Cambridge University Press, 1980).

Strange Multiplicity: Constitutionalism in an Age of Diversity (Cambridge: Cambridge University Press, 1995).

Vlastos, Gregory, "Justice and Equality," in Waldron (ed.) *Theories of Rights*.

Waldron, Jeremy, "Theoretical Foundations of Liberalism," *Philosophical Quarterly*, 37 (1987), reprinted in Waldron, *Liberal rights*.

The Right to Private Property (Oxford: Clarendon Press, 1988).

"Rights and Majorities: Rousseau Revisited," in Chapman and Wertheimer (eds.) *Nomos XXXII: Majorities and Minorities*, reprinted in Waldron,

Liberal Rights.

"The Irrelevance of Moral Objectivity," in George (ed.) *Natural Law Theory* reprinted in Waldron, *Law and Disagreement*.

"A Right-Based Critique of Constitutional Rights," *Oxford Journal of Legal Studies*, 13 (1993).

Liberal Rights: *Collected Papers* 1981—91 (Cambridge: Cambridge University Press, 1993).

"Religious Contributions to Political Deliberation," *San Diego Law Review*, 30 (1993).

"Freeman's Defense of Judicial Review," *Law and Philosophy*, 13 (1994).

"Legislative Intention and Unintentional Legislation," in Marmor (ed.) *Law and Interpretation*.

"The Wisdom of the Multitude: Some Reflections on Bk. III, Ch. 11 of Aristotle's *Politics*," *Political Theory*, 23 (1995).

"What Plato Would Allow," in Shapiro and Decew (eds.) *Nomos XXXVII*: *Theory and Practice*.

"Kant's Legal Positivism," *Harvard Law Review*, 109 (1996).

Law and Disagreement (Oxford: Oxford University Press, 1999).

Waldron, Jeremy (ed.), *Theories of Rights* (Oxford: Oxford University Press, 1984).

Walzer, Michael, *Spheres of Justice* (New York: Basic Books, 1983).

Wheare, K. C., *Legislatures*, Second Edition (Oxford: Oxford University Press, 1968).

Williams, Bernard, "The Idea of Equality," in Williams, *Problems of the Self*. *Problems of the Self*: *Philosophical Papers* 1956—1972 (Cambridge: Cambridge University Press, 1973).

Williams, Howard, *Kant's Political Philosophy* (Oxford: Basil Blackwell, 1983).

Winch, Peter, *The Idea of a Social Science and its Relation to Philosophy* (London: Routledge & Kegan Paul, 1958).

Wolff, Kurt (ed.), *The Sociology of Georg Simmel* (Glencoe, Ill.: Free Press, 1950).

Wolff, Robert Paul, *In Defense of Anarchism* (New York: Harper and Row,

1970).

Wollheim, Richard, "A Paradox in the Theory of Democracy," in Laslett and Runciman (eds.), *Philosophy, Politics and Society*.

Wood, Ellen, "Locke Against Democracy," *History of Political Thought*, 13 (1992).

Young, Iris Marion, "Communication and the Other: Beyond Deliberative Democracy," in Benhabib (ed.) *Democracy and Difference*.

索 引

（此处所列页码为本书英文版页码，即方括号内页码）

译 后 记

一

本书作者杰里米·沃尔德伦 1953 年出生于新西兰，1974 年在奥塔格大学（新西兰最古老的大学）获文科学士学位并留校任教；1978 年在牛津大学获文学学士学位，毕业后受聘于新西兰最高法院，担任律师和法律顾问；1980－1982 年担任牛津大学林肯学院研究员和政治理论导师，并于 1986 年在该校获得哲学博士学位。沃尔德伦的学术影响力从上个世纪 80 年代中期开始展现出来，他也逐渐成为当今最重要的一位法哲学家和政治哲学家。

沃尔德伦在 1983－1987 年担任爱丁堡大学政治学系讲师；1987－1996 年受聘担任加利福尼亚大学伯克利分校法学教授，并于 1993－1994 年担任法学院副院长并主持法理学和社会政策研究项目；1996－1997 年担任普林斯顿大学洛克菲勒政治学讲席教授，随后受聘于哥伦比亚大学法学院，1997－2004 年担任弗里德曼法学讲席教授兼任哲学系教授，并主持哥伦比亚大学法律与哲学研究中心，2005 年 1 月被任命为哥伦比亚大学级别最高的大学讲席教授，2006 年 7 月受聘于纽约大学法学院，担任法学教授和大学讲席教授；2010－2014 年受聘担任牛津大学奇切利社会与政治理论讲席教授,同时仍在纽约大学任职,并于 2015 年初再次全职返回纽约大学。

沃尔德伦是一位思想敏锐、勤奋好学的学者,到目前为止,除了 300 多篇专题论文和书评外,他已经发表了大量有影响的论著,目前出版的专著或论文集包括:《私有财产权》(*The Right to Private Property*,1988)、《法律》(*The Law*,1990)、《自由的权利:1981－1991 年文选》(*Liberal Rights*:*Collected Papers* 1981－1991,1993)、《立法的尊严》(*The Dignity of Legislation*,1999)、《法律与分歧》(*Law and Disagreement*,1999)、《上帝、洛克与平等:约翰·洛克的政治思想的基督教基础》(*God*,*Locke*,*and Equality*:*Christian Foundations of John Locke's Political Thought*,2002)、《折磨、恐怖与交易:给白宫的哲学》(*Torture*,*Terror*,*and Trade-off*:*Philosophy for the White House*,2010)、《尊严、等级与权利》(*Dignity*,*Rank and Rights*,2012)、《"一定程度上所有人共同的法律":美国法院中的外国法》("*Partly Laws Common To All Mankind*":*Foreign Law in American Courts*,2012)、《仇视言论中的伤害》(*The Harm in Hate Speech*,2012)、《法治与财产的尺度》(*The Rule of Law and the Measure of Property*,2012)、《政治性的政治理论:论制度》(*Political Political Theory*:*Essays on Institutions*,2015)、《彼此作为平等者:人类平等的基础》(*One Another's Equals*:*The Basis of Human Equality*,2016)等。

作为享有国际声誉的学者,沃尔德伦 1998 年被选为美国艺术与科学院院士,2011 年当选为英国学术院院士,同年被美国哲学协会授予法理学方面的终身成就奖(Henry Philips prize),2015 年当选为美国哲学学会会员。他还受邀发表了很多公共演讲,在他已经正式出版的著作中,相当一部分是立足于他相继在剑桥大学、牛津大学、耶鲁法学院、加利福尼亚大学伯克利分校、哈佛法学院、普林斯顿大学、爱丁堡大学发表的系列演讲。

二

　　本书就是立足于沃尔德伦 1996 年在剑桥大学发表的西利演讲。沃尔德伦认识到，一些格外重要的问题长期以来并未得到充分的重视，因此在某种意义上就成为法理学界的一个"耻辱"，比如以下两个问题：立法的根据是什么？具体法令的确立应该通过什么样的方式来达到？在本书中，通过详细探究在立法问题上并未得到充分关注的哲学家（亚里士多德、洛克和康德，以及在某种意义上，霍布斯）的著作，沃尔德伦试图探究这个困难而复杂的问题，以便表明在一个多元主义的政治背景下，立法何以可能成为一项有尊严的事业。

　　本书的一个基本起点是，甚至通情达理（reasonable）的人们也可以在正义、权利以及公共利益（the common good）上发生分歧，这是西方社会（尤其是作者具有切身体验的美国社会）的政治文化的一个显著特点。例如，在美国，对于正义、权利、宗教乃至伦理生活的原则本身，人们都可以有合理的分歧，这些分歧在一些重要问题上体现出来，例如平权法案、堕胎的合法化、言论自由的限度、自由市场的限制、福利供给的恰当程度、个人应得在经济正义中的作用等等。而且，人们通常并不是因为不诚实、自私自利、无知或偏见之类的原因而发生分歧。在面对这些分歧的情况下，如何解决有关争端、让社会生活得以用一种仍然值得向往的方式继续下去，就成为政治理论家、法哲学家和法理学家需要思考和解决的一个重大现实问题。正如作者在本书中试图表明的，历史上已经有一些思想家对这个问题作出了回答：如果在这些有争议的问题上能够做出决议的话，那么决议就应该用民主协商的方式来做出，也就是说，在人民或者其代表中通过多数表决来做出。然而，在当代西方法理学和自由主义的政治哲学传统中,一些主流理论家已经对这种民主表决的方式施加了一个限制:通过多数表决方式做出的决议不得违背个人权利。但是,我们可以有趣地注意到,权利的概念本身无论是在理论上还是在实际应用上都是有争议的:①首先,从形式上说,我们不太清楚权利在本质上究竟要表达什么,例如,权利究竟是一种道德上绝对的东西从而具有某种普遍性,还是一种相对于行动者而论的主张——就后面这种情况而言,权利是关系到利益或好处,还是关系到自由权或者可以放弃的责任? 即使我们解决了这些有关权利本质的问题,在"人们具有什么权利"这个问题上依然存在着重大分歧。最终,就权利的实际应用而论,很容易看到,甚至在一些著名的人权文本或法案(例如《联合国人权公约》)中所规定的权利在某些情形中也会发生冲突。因此,个人权利及其有效行使本身就是争议的对象,在这种情况下用"权利即是王牌"的主张来解决人们在其他方面的分歧显然不恰当。有人或许建议说,关于个人权利的分歧应该按照另外的程序来解决,例如,不是通过在人民或者其代表中实施多数表决来解决,而是通过在法院的法官中实施多数表决来解决。但是这个建议也是行不通的,因为不仅法官们可以在权利问题上发生分歧,甚至对法官们提出建议或劝告的政治哲学家或理论家也可以在正义和权利问题上发生分歧。如何解决这个问题就是沃尔德伦在本书以及与本书密切相关的文集《法律与分歧》中的核心关注。他试图表明,在正义、权利、公共利益等问题上发生的分歧应该由全体公民(或至少直接卷入有关争论的那部分公民总体)通过多数表决的方式来加以解决,而且,这种表决应该体现对他们作为人类个体的平等尊重。在《法律与分歧》中,作者对这两部著作之间的关系给出了如下说明:

---

① 参见 Jeremy Waldron, *Law and Disagreement*, Cambridge: Cambridge University Press, 1999, 第 11—12 页。以下对这部著作的引用将直接在正文中标明页码。

　　　　二者有一定程度的重叠,都旨在探究我的一项核心议程,
即用政治理论的资源来丰富法理学。二者都试图恢复和强调
这样一些思考法理学的方式——它们将法理学展现为一种有
尊严的管理方式和法律的一种值得尊敬的来源。二者之间的
分工如下:《立法的尊严》主要关心于探索在我们的政治思想
传统中,我们为了维护和阐明我所提到的那种立法观而具有
的资源。它特别着眼于亚里士多德、洛克、康德的著作,以便
看到,就这个在哲学上尚未得到充分理论化的立法形式而论,
我们可以从他们那里听到什么。而《法律与分歧》则在进路上
更具分析色彩,更多地关注论证而不是特定的思想家。(vii-
viii)

　　换句话说,作者认为,政治思想史上某些有待开发的资源有助
于阐明他试图就立法机构在现代社会中的重要性而提出的论点。
亚里士多德、洛克、康德(以及在某种意义上,霍布斯)成为作者在
本书中要特别关注的思想家。不过,《法律与分歧》因其分析风格
而在问题和论证方面更有针对性,因此,在这里我将主要立足于
《法律与分歧》来简要介绍一下与本书的核心议程密切相关的两个
背景线索:其一,沃尔德伦对政治哲学与法理学之关系的思考,其
二,他为什么认为以赫伯特·哈特和约瑟夫·拉兹为代表的实证
主义法理学并未充分重视立法机构在法理学中的重要性,因此在
这个意义上是不彻底的。

　　逻辑上说,对立法的司法评审的忧虑可以被看作沃尔德伦在
本书中的一个思想起点。司法审查有三个主要对象:权利、法院和
立法机构。其中立法机构得到的关注最少。这不是说立法本身根
本上没有得到关注,因为自古希腊以来,就有哲学家从道德和正义
的观点来讨论法律应当是什么,因此讨论应该如何立法(例如给立
法人员规定或提供有关的道德和正义原则);而在当代,立法的限

度问题(以及在某种意义上,法律与社会上传承下来的道德之间的关系)也得到了大量讨论。例如,在《苏格拉底的申辩》,柏拉图让苏格拉底提出了雅典的实际法律是否公正的问题,而在《克里同》中,他则通过苏格拉底之口阐明了公民严格地服从法律的义务。在一个多元主义的社会中,各种各样的观点都有可能在立法者那里得到推荐——大的方面可能涉及自由主义的观点、新社群主义的观点、自由市场的观点、保守主义的观点等等,而从社会制度的设计方面来看则可能涉及(举个例说)对正义概念的不同理解,例如,强调平等的理论家可能像罗尔斯那样认为,正义就在于让每个公民的基本的政治权利都得到保证、在物质利益的分配上满足差别原则,而偏向自由的理论家可能会强调应得在分配正义中的重要性,其他一些理论家有可能会认为正义问题不如社群价值重要。政治哲学家向立法人员提出的这些劝告可能表达了冲突的乃至不可通约的价值观念,因此就可以在立法中引起争议或产生分歧。面对这种情形,哲学家固然可以声称,他可以提出论证向立法者表明,除了他所推荐的价值观念或正义原则外,其他的观念或原则都是有问题的或错误的。但是,在沃尔德伦看来,如果在权利、正义以及公共利益上的分歧作为现代社会的一个基本事实必然存在,那么那就不是立法者在真实世界中应当采取的态度。沃尔德伦认为,除了试图阐明和捍卫自己提出的正义理论外,哲学家同样需要做另一项重要工作:不仅要思考正义本身的含义,通过严密的分析和论证提出自己的正义理论,在真实生活中面临在正义和权利问题上的分歧时,也要思考在这些问题上进行政治选择的本质和原则性的根据。沃尔德伦将提出两个主要理由来支持这个主张,二者都关系到法律在经过社会契约而建立起来的公民社会或政治社会中的本质地位和作用。就第一个理由而言,沃尔德伦说,"社会上不同的人们持有不同的、对立的正义理论;但是社会决定仍然要达到、制度和框架仍然要建立,而这些东西旨在面对分歧的时候仍然要求忠诚,即便这种忠诚对于持有某个对立观点的人来说看起来就像道德背叛。"(《法律与分歧》,第 2 页)后面我们会看到沃尔德伦在这里提出的主张的根据,不过,如果分歧存在而且必须以某种方式得到解决,那么我们就可以初步看到立法机关在政治社会中的重要性和立法的迫切性。而对于政治哲学家来说,他们所要做的工作就不仅仅是去发展和捍卫某个正义理论,也不仅仅是去做语义分析方面的工作(这在元伦理学和法理学中一度很流行),而且也要去反思分歧的教训和政治。这不仅是因为政治哲学需要面对人们所生活的社会实在,也是因为在理论反思的层面上、人们对于"哪一个正义理论是正确的"这一问题本身也会有分歧,而这个事实对于正义理论的实际应用会产生重要的影响或后果。于是,在沃尔德伦看来,政治哲学家相应地就有了两项任务:其一,对正义、权利以及公共利益进行理论思考;其二,对政治本身进行理论思考,特别是在社会成员对正义和权利存在着实质性分歧的情况下去思考社会作为一个整体应当如何行动。

在沃尔德伦看来,第二种工作作为一项独立的议程在政治哲学和法理学中应该占据一个重要地位。如果确实需要用民主的和制度性的程序来调解对某个(实际上,任何一个)正义理论持有争议的人们,那么这些程序本身的正当性及其具体应用也需要加以思考。按照沃尔德伦对政治思想史的考察,亚里士多德、霍布斯、康德、洛克这四位思想家认为,人们在正义和权利问题上的分歧对于他们的理论(关于权威、程序和政治义务等等)旨在解决的问题是根本的。因此他就建议我们在这些思想家的陪伴下来探究政治哲学的第二项议程。这项议程的确立也意味着在法哲学或法理学和政治哲学之间实际上存在(或应当存在)重要联系(沃尔德伦自己更倾向于把前者理解为后者的一个部分)。这种联系实际上不难理解,因为不管法律在制度上是如何演化出来的,也不论我们如何具体地理解正义,在法律和正义之间都具有重要的联系。法律的某些领域（例如宪法、物权法、经济法等）显然关系到我们对正义的实质性的理解，而法律也以其在程序上的公平或公正而著称，而且这被认为是法律的权威的一个重要根据或来源。但是，在这个方面，我们不得不注意两个基本事实。第一，价值多元是现代民主社会的一个基本特征。当立法者就具体立法（法律的具体制定）向理论家寻求建议或劝告时，他们会得到以根本上不同的乃至冲突的价值观念为导向的建议或劝告，例如，就人工流产的立法而论（如果这需要立法的话），天主教保守主义者、强调个人权利和自主性的自由主义者、女权主义者都可以提出不同的建议或劝告。如果在诸如此类的事情上需要立法，那么哲学家原本打算做的事情就无法解决如何立法的问题，因为他们提出的理论或见解本身并没有、也不可能取得全体一致的认同。如果人们在人工流产之类的问题上的争执已经到了若不以法律裁决的方式来解决就会导致严重的社会冲突的地步，那么显然就不能等到哲学家们有了一致看法的时候再来进行立法。第二，与此相关，在现代社会中，立法机构本来就是由持有不同观点的代表组成的大规模的议事会或议会。在很多情况下，在某个问题上的立法之所以有必要，正是因为人们（不论是普通人还是哲学家）在"哪一个竞争的见解是正确的"这个问题上不能取得全体一致，因此就需要以立法的方式来确定哪一个见解目前在社会成员中获得了更大的支持。当然，立法机构为什么不得不用这种将分歧整合到其议程中、在分歧中来做出决定的方式来形成决议，这是一个需要说明的问题。但是，如果立法机构必须用这种方式来形成决议，那么就会产生一些原来在政治哲学或法哲学尚未得到关注的问题，比如说，多数决定如何影响我们对立法的权威或正当性的理解？此外，如果通过立法而颁布的某个法案是某个或少数公民不愿服从的（就该法案与他或他们的观点不一致或相冲突而论），那么又该如何理解公民遵守法律的义务？或者，在根本上说，立法的尊严或权威从何而来？

　　沃尔德伦并未声称主流法理学根本上无视或忽视了这些与立法相关的问题,但是他认为这些问题确实没有得到充分关注。比如说,我们可以从某些典型的法律实证主义者的立场和态度中清楚地看到这一点。按照沃尔德伦的说法,尽管哈特和拉兹都曾详细考虑立法机构的结构方面(规模、多样性、分歧、决策程序等),但二者都不认为立法机构是一个法律系统的关键要素,因为在他们看来,法律的系统性(因此,一个法律系统的存在)就在于存在着一套有组织的应用规范的制度,这些制度按照某些基于来源(sourcebased)的标准而承认规范的有效性。例如,按照拉兹的说法,只要一个法院系统满足了两个基本原则,它就可以将一个复杂的、不断演化的法律体系发展出来:其一,法院的任务就在于应用预先存在的规范,其二,在“预先存在的规范是什么”这个问题上,一个法院做出的决定具有约束力。按照这种理解,不论是一般意义上的行为规范还是对某些规范予以确认的高层次的规则(即所谓的“承认规则”),其有效性都是通过追溯其来源来加以确定的,因此好像就不需要刻意设定任何机构或制度来作为立法团体,就好像即使法律可以发现变化,它也是“自然地”或“自发地”变化。既然法律制度本质上并不取决于存在着建立或设立规范的制度或机构,也就不难理解为什么这种法理学并不认为立法机构具有根本的重要性。

　　实际上,这就是哈特在其名著《法律的概念》中所要阐明和捍卫的一个基本主张。在这部著作中,哈特所要阐明和发展的核心思想是,一个法律系统在一种双重的意义上是一个社会规则系统:首先,它们制约着在社会上生活的人们的行为;其次,它们的起源和存在完全在于人类的社会实践。它们就像道德规则那样关系到义务和责任,不过,与道德规则不同,由于两种规则之间的相互关系,法律系统呈现出一种系统性。第一种规则就是一般意义上的行为规范,哈特称之为“基本规则”(primary rules),它们确立责任和义务并规定各种错误行为(犯罪、冒犯、侵权等)。第二种规则是所谓的"二级规则"(secondary rules),它们本身并不构成义务行为(obligatory conduct)的有约束力的标准,但以各种方式与基本规则相联系,从而构成了一个法律系统的基本特征。例如,某些规则让某些人有能力(power)对被认为是错误的行为(即违背基本规则的行为)做出判决、要求做错事的人采取补救行动(例如偿付因错误行为而造成的损失)或者对他们进行惩罚。与这些能力相联系的规则就是哈特所说的"判决规则"(rules of adjudication)。这两种规则(基本的义务规则和二级的判决规则)都容易发生有意变化,其变化过程也受制于某些规则,即所谓的"变化规则"(rule of change)。但是,这些规则的有效性必须以某种方式得到确认,哈特把与确认标准相关的规则称为"承认规则"(rule of recognition)。正是这种规则的存在使得一个特定的规则系统成为一个法律系统,因为它们让一个法律系统的其他规则有了相对明确的和可以确定的内容,因此就可以用明确的方式来加以强化或实施。需要注意的是,判决规则和变化规则都是把采取某些行动的能力授予某些人,而承认规则是要用责任的观念来限定行使公共权力的官员(包括法官)。总的来说,按照哈特的观点,一个社会之所以有立法能力,就是因为在其官员中接受了这些关于规则的表述、制定和改变的二级规则。二级规则进一步说明了一个立法机构在法律上是如何被构成的。

由此来看,立法机构在哈特的法理学中确实占据了一个重要地位。然而,沃尔德伦认为哈特在这方面仍然做得不够彻底。只要我们开始追究二级规则的本质,我们就可以看到这一点。法官以及其他相关的官员需要诉诸某些标准将规则认定为法律。那么,他们是相对于什么而将规则认定为法律呢?承认规则所要规定的是什么规则可以被当作"法律"来应用。这样一条规则的存在至少表现在官员们把它作为一条有约束力的规则来遵守。这意味着他们必须从某个内在的观点来接受和遵守它。对于哈特来说，承认规则必须在一个法律系统所属的社会及其实践中有其来源。因此，官员们很有可能是相对于某些非法律的规则（例如道德规则或道德上相关的规则）而将某条规则认定为法律。在哈特所说的"前法律"社会中，人们至少按照基本规则来行动，而且很可能是在一种非反思的层次上应用基本规则，因此对他们来说好像并不存在基本规则是否确定的问题。由此来看，承认规则的必要性很可能是在社会变得更加分化、人们在某些重要事情上已经出现了分歧的情况下才出现的。若是这样，至少在某些极端的情形中，某个特定的承认规则本身的有效性就不能用哈特所设想的那种方式来确定，因为人们在其根据或来源上可能已经存在分歧。哈特低估了人们对承认规则本身发生争议的可能性，而在沃尔德伦看来，霍布斯倒是更敏锐地意识到这一点，因为他认为不同的人愿意为了竞争的正义观念而战，而正是这种状况使得立法变得必要，也使得承认规则变得必要。于是，"按照霍布斯的论述，我们需要承认规则，不只是因为在'法律是什么'这个问题上存在分歧，也是因为共同体中在'什么应被看作法律'这个问题上存在分歧。"（《法律与分歧》，第 39 页）

　　这引出了沃尔德伦在本书中所要探究的一个核心问题：如果人们在一些具有根本重要性的问题（例如正义和权利问题）上存在分歧，那么在这些问题上的立法如何得以进行，由此得到的法令又怎能具有权威？沃尔德伦对这个问题的回答取决于两个东西：其一，他对多数决定方法的正当性的说明，其二，他对法律在一个多元主义社会中的重要性的说明。在一个社会中，如果某些根本的分歧长期持续下去、无法以某种合情合理的方式得到解决，那么这个社会就有可能陷入分崩离析的危险；当争执越演越烈并以暴力冲突的形式表现出来时，人们可能就会再次回到不存在有效的法律来加以管制的自然状态。但是，正如霍布斯和洛克所强调的，人们之所以决定进入公民社会,就得希望可以通过诉求一个明确的、有最终决断力的权威来解决人们在财产以及根本的价值观念问题上的纠纷。如果立法就是解决这种问题的一种合理方式,那么立法过程就必须满足两个基本要求:第一,立法过程必须尊重多种不同的意见和声音,也就是说,每一个相关的意见都要用一种平等的方式尽可能得到考虑;第二,如果一项特定的立法旨在解决人们在某个问题上的争执或分歧,那么最终获得通过并颁布的法令应该具有终结性和单一性。沃尔德伦认为我们需要把立法过程中的协商或慎思与法令的最终颁布区分开来。协商是一种将各种意见呈现出来并进行论辩的过程,以其多样性和对抗性为我们所看重,也就是说,不管我们最终是否接受与我们的观点不一样的观点,也不管那些观点是不是会与最终要颁布的法令相对立,在慎思和论辩过程中我们都要充分尊重那些观点,但是,一旦这个过程已经结束,一项决议以多数表决的方式得到通过并因此而成为一项法令,那么其权威就应该得到尊重。正如沃尔德伦所说:

> 分歧及其内化在立法政治中的存在提出了一个承认问题。……我们在我们的法律变化过程中看重协商,但是,并非在立法论辩中所说的一切都能具有立法权威……。因此我们就看重这样一种协商过程的完整性,它以投票表决而结束,以便有一个公平的基础来决定,在人们已经通过论辩中来做出的各项贡献中,哪些要算作法律,哪些不算。如果立法协商不要瓦解为混乱和不确定性,那么,在现代社会中,法律颁布的规则和承认规则就必须合作,以维护这种完整性以及保证经过协商做出的贡献和最终通过投票颁布的法律文本之间的区分。(《法律与分歧》,第 41 页)

并不是在立法协商过程中表达出来的一切意见或建议最终都

有可能成为法令,哈特的承认规则本来旨在告诉我们哪些能够成为法令,哪些不能。但是,如果人们在"哪些承认规则具有有效性"(类似于"哪些正义观念是正确的")这个问题上存在分歧,那么承认规则就不能发挥哈特所设想的那种作用了。这就是为什么沃尔德伦认为哈特未能充分考虑立法机构在法理学上更深的重要性及其与承认规则的关系。如果立法会成员对现存的承认规则本身就存在争议,而且不能发现进一步的理由来消除分歧、取得一致,那么最终就只能用多数决定的方法来制定法律(假若根本上需要制定的话)。

这将我们引入前面提出的问题:为什么少数意见不同的人有义务服从由此制定出来的法律?正如沃尔德伦所暗示的,这个问题可能需要通过诉诸原始契约的同意和公民社会得以建立的目的来回答。如果法律的本质功能就在于用一种有权威的、决断性的方式来消除可能会导致人们重新回到自然状态的纠纷或分歧,那么少数人就有义务服从多数决定方法所通过的法律。法律要求在不同的观点之间进行裁决并在这方面具有权威,这是法律的一个本质特征。其实,《克里同》中的苏格拉底早就向我们暗示了这一点:只要一个人在进入社会的时候已经原则上认同该社会的法律,他就不应因为法律做出的判决(在我们所讨论的情形中,立法机构最终制定的法律条文)不符合自己真心感受到的正义观而无视前者。这个主张的根据显然是,如果我们不希望回到霍布斯所描述的那种人人彼此为敌的自然状态,那么我们就必须坚信法律用一种彻底斩断了这种可能性的方式来调解人们在观念或利益上的冲突。用沃尔德伦的话说(这实际上也是阿伦特一贯持有的观点),我们应该充分认识到,我们是与那些在智力、良知、规范思维能力的来源方面都与我们不同的人一道生活并共同分享这个世界。就此而论,法律在其理想的状态实际上表达了一个正义的共同体的抱负,而且,这也是法律应该在公民社会或政治社会占据核心地位的一个主要原因。如果法律的一项本质功能就在于在存在重要分歧的情况下调解和调节人们的行为，并在最终做出的裁定上主张权威，那么这个权威的根据并不在于（实际上，在根本的分歧就是一个"事实"的情况下，不可能在于）某些人在对"终极真理"的认识和把握上比我们更有能力，而是在于共同生活的需要（至少在一种比自然状态中的生活更值得向往的共同生活的意义上），正如沃尔德伦所说：

> 这个权威主义主张的根据并不是存在着比我们更有见识的立法者（甚至也不是存在着比我们当中任何人都更有能力或者可以有更加致命的武器的官员）。法律的权威就在于，对我们来说，存在着一种可以认识到的需要，即在各种问题上要一致行动，或者在各个领域要参照一个共同的框架来协调我们的行为，而且，即使在"我们共同的行动方案或者我们共同的框架应当是什么"这个问题上，我们之间仍有分歧，这个事实也不会排除这种需要。（《法律与分歧》，第7页）

如果我们需要为这个根据寻求进一步的思想基础，那么平等尊重的观念很可能就是这个基础：只有在我们有了这个观念并坚持这个观念的情况下，在存在着分歧的时候，我们才有可能不会诉诸法律以外的方式或手段来压制与我们自己意见不和的人，或者甚至以某种方式让他们"消失"，因此也才有可能尊重法律的权威。反过来我们也可以说，正是因为甚至在面对正义、权利、公共利益上的分歧时法律仍然具有对有关争议进行裁决的权威，它才因此而特别具有尊严并值得格外尊重。它甚至不能以立法者之名遭到践踏，更不用说被任何特定的党派或利益团体践踏了。当然，任何特定的法律条文或法令的内容是需要本着对每一个公民的平等尊重的精神、通过充分的民主协商来确立、确定或修改的，而正如沃尔德伦在本书中试图表明的，立法的正当性就取决于在协商过程中每一个声音都尽可能得到倾听。

　　不过，人们仍然有这样一个忧虑：为什么多数决定的决策方法不是任意的，或者说能够体现对公民的平等尊重？沃尔德伦对这个问题的回答显得比较复杂（实际上这也不是一个简单问题）：一方面，他认为一种民主的决策程序可以把平等尊重的观念贯穿其中，另一方面，他也强调在多数决定方法的实际运用中并非每个人的观点或立场实际上都得到了尊重，这产生了一个关于民主社会的整体素质和公民美德的问题。不过，沃尔德伦告诉我们，在一个多元主义社会中，有两种尊重个人的基本方式。首先是尊重一个基本事实：甚至合情合理的人们也可以对正义、权利和公共利益持有不同看法。在一个价值多元的社会中，不管我对自己的观点的正确性是多么自信，我同时也必须认为（就像阿伦特那样）我们是与其他人一道生活在世界上。我们也许可以在理论上承认价值的共同存在，但是，由于我们在立场、视野以及生活经验等方面的差别，我们不仅可以有不同的价值承诺，而且在特定情形中在价值的优先性或排序上也会有不同的考虑，这些都有可能导致了我们在价值观念上的分歧或冲突。霍布斯已经观察到人们之间的冲突不只是限于他们对自己的自我利益的考虑，更重要和更严重的是在观念上的分歧和冲突。同样，在现代多元主义社会中，人们很有可能不是因为不诚实、自私自利、无知之类的原因而发生分歧和冲突。我们也许渴求在某些根本的价值观念上取得全体一致，即便如此，我们也不应该因此而贬低或压制任何人的观点，因为在实际的政治环境中，我们不应该假设在正义、权利和公共政策上的真理是单一的。说得具体一点，如果在经过理性慎思后我们仍然发现在某个问题上不可能取得一致同意，那么我们就不应该假装存在这种同意，因此也不应该假装对立的观点并不存在，或认为它们完全是立足于自我利益、无知或偏见。

　　如果我们尊重存在着分歧这一事实，因此也把其他人的观点或意见放在跟我们的观点或意见原则上具有同等重要性的地位，那么我们就会面临一个决定问题：如果其他人在我们都希望一致行动的某个问题上不同意我，那么如何选择一项共同的政策？有一些方式解决这个问题，例如抛硬币或者将某人视为领袖并以其观点为导向。但是这些方式都是随机的或任意的，没有充分考虑到人们在立场或观点上是有分歧的。前一种方式明显地无视了一些人本来想要表达的声音，后一种方式给予某人的声音以决定性的分量，却没有对这种做法提出任何合理的辩护。沃尔德伦认为，看来唯有多数决定的方法才重视个体并给予各个人以平等的尊重。我们大概可以提出三个理由来支持这个主张。第一，多数决定方法充分考虑到了一个特定个体持有某个观点这一事实，因此它允许每个人（或他们在立法会中的代表）在立法协商过程中将自己的声音表达出来。第二，在集体面临不止一个选项的情况下，多数决定也充分考虑了如下事实：某个人偏爱某个选项 X 是集体要追求 X 的一个理由，即使不是结论性的理由（因为其他人可能有不同的偏好或意见，因此人们在任何特定的选项上可能有分歧）。与前面提到的第二种方法相比，很容易看到，在尝试将某个观点选择为集体的观点的过程中，多数决定方法承诺给予每一个人的观点以同等的考虑。在这个意义上，这种决策方法是公平的。在这里，正如前面所指出的，我们需要把两件事情区分开来：一件事情是，在协商过程中充分考虑每一个人的声音；另一件事情是，因为分歧的本质存在，最终颁布的法令也许仍然不符合少数人的最初愿望。这可能并不意味着压制这些人的声音，而只是意味着：一旦他们接受了多数决定的结果，他们就不应该通过公共行动来表达自己的声音。举个例说，如果社会大多数成员投票支持人工流产，当人工流产的合法性以这种方式被确立起来时，少数投反对票的人就不应该把反对人工流产的行动当作一种公共行动，即使在个人生活中他们仍然可以自行决定不采取人工流产的决定或行为。
第三,有人或许由此认为多数决定方法仍然是任意的,不过,沃尔
德伦认为,在他所说的"政治环境"中,这种方法的每一个看似任意
的特点都可以被捍卫为合情合理的。在承认分歧的情况下,如果
社会或整个集体确实需要一致行动,那么看来只有多数决定方法
才有可能满足平等尊重的要求(至少最低限度地满足了这个要
求)。沃尔德伦坦言他无法证明多数主义就是与平等尊重唯一保
持一致的决策方法,他也承认多数决定本身也许不能说明立法的
权威,但是他强调说,在政治环境中,也就是说,在存在分歧而且需
要一致行动的情况下,我们对解决某些问题的道德迫切性的感受
为多数决定提供了一个辩护。

　　当然,这个回答也许并未消除一些人对"多数人暴政"的忧虑:
在本质上存在分歧的情况下,如果立法最终是以多数决定的方式
获得通过的,那么立法程序可能就表达了多数人的暴政,例如侵犯
或剥夺了个别人或少数人的权利。必须承认,这个忧虑不论是在
理论上还是实践上都是一个很困难的问题。不过,也很容易看出
一个"自然的"提议并不解决这个问题——有些人认为,只要通过
利用权利的概念来对立法决议施加宪政约束,就可以消除这个忧
虑。这个提议不仅是一种因为过于乐观而不切实际的建议,在某
种意义上也是一种不太负责任的见解,因为权利本身不是一种能
够超越争议或分歧的东西。事实上,在沃尔德伦看来,对于所谓的
"多数人的暴政"也可以提出类似说法:如果我们假设社会成员在
投票时是在真诚地提出关于权利的有争议的问题,或者说是在共
同关心的问题上提出自己的意见,而不是(或者不只是)在表达自
己的个人利益,那么我们就无需担心会出现"多数人的暴政"。之
所以如此,是因为"没有什么残暴的事情只因我所属的共同体没有
按照我的意见办事就会落到我头上。只要被照办的意见在连带考
虑其他每个人的利益之时也恰当地考虑了我的利益,那不是我的

意见这一事实本身就不会对我的自由或福祉造成威胁。"(《法律与分歧》,第 13 页)这一点不难理解,不过,困难在于我的意见和多数人支持的意见之间存在分歧的情形。在这种情况下,我不会认为自己的利益得到了恰当考虑,或甚至认为它受到了严重威胁。对这个挑战的回答同样是复杂的,而且不得不是复杂的,因为它实际上涉及整个政治哲学的核心关注,即人与人之间如何共同生活的问题。如果人类存在者依然是极端原子化的个体,那么社会生活绝无开始的可能。换句话说,社会生活的可能性取决于人们发现了自身的不完备,发现了某种共同生活的需要。按照这种理解,对共同生活的兴趣以及某种基本的移情机制的存在是社会生活的最基本的条件。也就是说,生活在社会世界中的人们应该已经是某种意义上的"文明人"。由此我们不难理解沃尔德伦对这个问题提出的简要回答:第一,我的利益未必就是正在发生的争议的题材或对象,因此最终做出的决议也不一定就构成对我的利益的威胁;第二,如果各派都是用一种热心公益的方式来探究即将做出的决定,那么他们有所争议的问题也未必就反映了他们对自己的个人利益的区别对待,例如,只要他们有公益心,最终的决议未必就偏向他们自己的利益。这预设了对民主决策的一个很高的要求——民主决策在于解决人们在生活中共同或普遍关心的问题,而不是(或不仅仅是)固执于自己的个人利益。民主预设了对他人的关注而且是平等关注。第三,即使个别人或少数人被认为具有某些权利,这也不意味着他们对自己或者其他人的权利所持有的意见也必须占据一个特殊的地位,因此他们的意见必定取胜。例如,我有权利拥有私人财产也许并不意味着我的权利主张在任何情况下都必须占据击败任何其他主张的地位。因此,沃尔德伦认为在关于权利的多数决定的思想和多数人的暴政的思想之间并不存在必然联系。这个回答显然是不完备的,但是它暗示了一个重要思想:多数决定是否会导致"多数人的暴政"确实取决于一个社会总体的公民素质和制度设计。沃尔德伦在本书最后两章中的思考在某种意义上旨在澄清这个问题，而在他近来出版的一些著作（例如 2016 年出版的《政治性的政治哲学》）中，他已经对这些问题和相关问题做出了进一步的思考。

　　沃尔德伦对立法和立法机构的重要性的说明和捍卫显然取决于那个多元主义的价值论预设。多元主义或许不是我们的政治文化和政治环境的一个显著特点。不过，随着全球化的进程，人们的思想观念也变得日益开放、越来越具有多元性，人们在思想观念上的分歧、竞争和冲突也开始变得比较突出，因此我们的立法和立法过程大概也会面临同样的问题。而且，既然在正义、权利以及公共利益问题上发生意见分歧确实是人类政治生活的一个本质特点，沃尔德伦在本书中提出的观点和论证就仍然值得我们深思。尤其是，他格外有力地表明，正是因为人们在正义、权利、公共利益等重大问题上仍然可以有分歧，立法和立法机构才显得特别重要；正是因为在这种情况下法律的制定来得不容易，在充分的民主协商的基础上制定出来的法律才格外有尊严、格外值得尊重，不是任何人、任何党派可以随意践踏的。此外，他的一个主要论点，即法律最终必须被看作政治的一个分支，对于我们探究一系列理论问题、理解一系列现实问题也具有重要的参考价值和提醒作用。

三

　　1998－1999 年，沃尔德伦主持的哥伦比亚大学法律与哲学研究中心慷慨授予我一份博士论文奖学金，使我能够顺利开展论文的部分研究工作。我的博士论文并不针对任何特定的法理学或法哲学问题，不过，我在论文中对规范性和客观性的思考与沃尔德伦自己正在思考的一些问题有共同之处，因此就得到了他的关心和支持，他也因此成为我的论文答辩委员会的"第二读者"（second reader）。正是因为这个联系，尽管我在法理学或法哲学领域仍是外行，我才决定承担本书的翻译工作。在本书的翻译上我已经尽力而为，不过，由于语言能力和专业水平的限制，错误恐在所难免，对此我将承担全部责任，也欢迎读者不吝指正。

作者在本书中引用了亚里士多德、霍布斯、洛克和卢梭的一些文本。在翻译这些引文时，我参考了如下中译本：亚里士多德著，颜一、秦典华译，《政治学》，中国人民大学出版社，2003年；霍布斯著，黎思复、黎廷弼译，《利维坦》，商务印书馆，1996年；洛克著，叶启芳、瞿菊农译，《政府论》，商务印书馆，2003年；卢梭著，何兆武译，《社会契约论》，商务印书馆，2001年。我对有关引文的翻译并未完全遵循他们的译文，但仍然要对有关译者表示衷心感谢。学术事业是一项承先启后的工作，必须学会尊重其中的一切传承和发展，不承认这一点实际上无异于无知，更不用说学术上的狂妄自大了。译稿的初稿早在2005年9月就完成了，但是，当时签订出版合同的某出版社最终并未出版本书（以及我们规划的丛书中当时已翻译出来的所有其他著作）。鉴于此，感谢葛四友让这部译稿死而复生，感谢陈玮、刘哲和王凌皞在译稿修订中给予的热心帮助。修订工作是在耶鲁大学麦克米兰中心访学期间完成的，感谢该中心以及耶鲁大学所提供的宁静怡人的生活环境和生机勃勃的思想激励。

徐向东

2017年1月24日

图书在版编目(CIP)数据

立法的尊严/(美)杰里米·沃尔德伦著;徐向东译.
--上海:华东师范大学出版社,2018
ISBN 978-7-5675-8320-7
Ⅰ.①立…　Ⅱ.①杰…　②徐…　Ⅲ.①立法—研究
Ⅳ.①D901
中国版本图书馆 CIP 数据核字(2018)第 211432 号

华东师范大学出版社六点分社
企划人　倪为国

立法的尊严

著　　者　(美)杰里米·沃尔德伦
译　　者　徐向东
责任编辑　彭文曼
封面设计　刘怡霖
出版发行　华东师范大学出版社
社　　址　上海市中山北路 3663 号　邮编　200062
网　　址　www.ecnupress.com.cn
电　　话　021 - 60821666　行政传真　021 - 62572105
客服电话　021 - 62865537
门市(邮购)电话　021 - 62869887
地　　址　上海市中山北路 3663 号华东师范大学校内先锋路口
网　　店　http://hdsdcbs.tmall.com
印 刷 者　上海盛隆印务有限公司
开　　本　890×1240　1/32
插　　页　2
印　　张　7.125
字　　数　155 千字
版　　次　2019 年 8 月第 1 版
印　　次　2019 年 8 月第 1 次
书　　号　ISBN 978-7-5675-8320-7/D·225
定　　价　45.00 元

出 版 人　王　焰

(如发现本版图书有印订质量问题,请寄回本社客服中心调换或电话 021 - 62865537 联系)

The Dignity of Legislation
by Jeremy Waldron
ISBN:9780521658836
Copyright © Jeremy Waldron 1999

上海市版权局著作权合同登记 图字:09 - 2018 - 567 号